깨달음으로 읽는

장자

깨달음으로 읽는

장자

장길섭 지음

나마스테

| 여는 글 |

"장자는 내가 되어 나로 사는 길로 가는 안내자입니다"

어느 날 눈을 감고 가만히 있는데 생각 하나가 올라옵니다.

'내가 그동안 해 온 일이 무엇일까? 그리고 지금 나는 무엇을 하고 있는 것일까?'

일어나는 그 생각을 바라보며 한참을 가만히 있어 봅니다. 그러자 하나의 낱말이 가슴을 파고드는 게 느껴집니다. 들어오는 숨과 나가는 숨 사이, 그 고요한 여백을 차지하며 오롯이 떠오른 낱말은 바로 깨달음, 거창하게 말하면 '도통(道通)'입니다.

도통은 곧 삶과 통하는 것

그러고 보니 저는 젊은 시절부터 깨달음에 관심이 많았던 것 같습니다. 늦깎이 학생으로 신학교에 다니면서 깨달음에 관한 무수히 많은 책을 섭렵했지요. 또한 도를 들을 수 있다고 하면, 그곳이 어디든 찾아갔습니다. 그 과정에서 사람에게서 배우고 자연에서 배우고, 또 무수히 많은 삶을 경험하면서 배워 왔으니, 제 배움의 9할 정도는 깨달음을 찾아 떠돈 길 위에서 체득한 게 아닌가 싶습니다.

20년 전부터 그 모든 배움을 주춧돌 삼아 제 나름의 의식 변화 프로그램을 만들어 수련을 안내하기 시작했습니다. 이후 가장 큰 변화가 있다면, 더는 다른 곳에 가서 도를 구하지 않게 되었다는 것입니다. 프로그램을 진행하면서 일어나는 인간의 역동적인 변화를 목격하는 것이, 제게는 가장 위대하고 값진 도가 되었기 때문입니다.

그렇습니다. 그동안 수많은 수련생을 만나 가면서 제가 확연하게 깨달은 점은, 도란 결코 깊은 산속이나 교회나 절간에 은밀하게 감추어져 있지 않으며, 오히려 변화를 갈망하고 실현해 나가는 이들의 구체적인 삶 속에서 살아 숨 쉬고 있다는 것입니다. 그런 면에서 보면 삶이 곧 도이고, 도통한다는 것은 삶과 소통하는 것이라 할 수 있습니다.

나로부터 시작돼 나에게로 돌아오다

우리가 흔히 불행하다고 여기는 생각과 감정은, 삶과 소통하지 못할 때 찾아옵니다. 가족과 통하지 못하고 친구들과 통하지 못할 때 사람은 누구나 외로움을 느끼지요. 자신이 다니는 회사,

일과 통하지 못하는 사람은 쉽게 무기력해집니다. 자신을 둘러싼 자연환경, 나아가 우주의 원리와 통하지 못하는 사람 또한 이 세상의 진정한 아름다움과 신비에 눈뜰 수 없습니다.

하지만 무엇보다 가장 큰 문제는 자신과 소통하지 못하는 데 있지 않나 싶습니다. 알고 보면 이것이야말로 모든 소통 불능의 근본 이유입니다. 자신을 모르거나 잘못 이해하고 있는 사람은, 즉 자신과 온전히 소통하지 못하는 사람은 다른 것과 관계 맺는 일도 막힙니다. 그럴수록 자신을 성찰하는 힘도 떨어져 점점 더 참된 자신에게서 멀어지지요.

그러므로 자신을 아는 것이야말로 소통의 처음이자 끝이라 하겠습니다. 도를 혹은 삶을 '나를 찾아가는 여행'이라 하는 이유가 여기에 있습니다. 모든 것은 이처럼 나로부터 시작되어 나에게로 돌아옵니다.

'거짓 나'의 정체를 알라

그러면 나를 알고 나와 소통하는 첫걸음은 무엇일까요? 그것은 지금껏 진짜 나로 알아 온 '거짓 나'의 정체를 아는 것에서부터 시작됩니다. 거짓 나란 나 아닌 것들, 즉 이름과 성격과 생각과 느낌 등의 조건에 동일시한 나를 말합니다. 다시 말하면, 조건화된 자아[에고(ego)]를 실제 자기[셀프(Self)]로 착각하고 있는 나라고 할까요.

이런 나는 스스로를 제한된 틀에 가두어 버립니다. 그러고는 그 틀 안에 들어오지 않는 것에 적대감과 두려움을 느끼지요. 또한 남들이 그 틀에 맞춰 주지 않으면 갈등하고, 세상이 그 틀을 알아주지 않으면 분노합니다. 그래서 결국은 상처를 받고 상처를 주는 관계를 맺게 되는 것입니다.

우리 주변에 이런 사람이 얼마나 많습니까. 생각과 감정이 달라서 서로 반목하고, 성격이 안 맞는다는 이유로 틀어지지 않습니까. 더욱이 정치적 이념과 종교가 다르면 국가 간에 전쟁이 일어나기도 합니다. 조건화된 자신을 자기로 알고 그에 집착하면, 이처럼 모두를 불행으로 몰아가는 사건에 휘말리게 되는 것입니다.

고착된 관념 바깥에 자유가

그런데 사람들이 이처럼 거짓 나에 속게 된 것도 결코 무리는 아닙니다. 하늘에서 이 지구별을 방문할 때, 우리는 모두 조건화된 자아로서 내려오기 때문이지요. 특정한 부모의 몸을 통해, 특정한 외모와 배경을 갖고 옵니다. 그런 후에는 또한 특정한 이름을 달고, 특정한 교육을 받으며, 점차 어떤 생각과 감정의 패턴을 반복하게 됩니다. 그에 따라 특정한 성향과 자아상을 지니게 되는 것이고요.

하지만 우리는 알아야 합니다. 지구별에 와서 이렇게 특정한 자아상을 지니게끔 프로그래밍된 궁극적인 목적은, 결국 그것을 깨고 참나를 되찾는 것에 있음을 말입니다. 실제로 많은 이가 생의 어느 한 시기에 큰 시련을 겪고, 그 일을 계기로 자아에 대한 기존의 고착된 관념에서 벗어나 새로운 길을 걷기 시작합니다.

예를 들어 돈이 전부인 줄 알던 사람이 돈을 다 잃은 후에야 비로소 돈이 곧 나는 아님을 알게 되지요. 혹은 육체적인 건강만 중시하다가 호되게 앓은 뒤에야 영적인 길에 들어서기도 합니다. 그러고 보면 고통이 우리를 성장하게 한다는 말은 결코 과언이 아닌 것 같습니다. 고통을 통해 그동안 나를 가두어 온 감옥에서 한 발자국 벗어나, 진정한 자유를 체험할 수 있으니까요.

'없이있는' 나에겐 거칠 것이 없어

조건화된 에고는 내(우리)가 아니고, 시작도 끝도 없이 무한하고 온전한 영(靈)이 나(우리)의 본성임을 깨닫고 나면, 이 세상에 통하지 못할 사람이 없습니다. 이름도 성(性)도 외모도 성격도 없이, 다만 '없이있는' 존재가 가장 알맞은 때를 만나 가장 적합한 장소에 나타났음을 기억하면, 이 세상 어떤 일을 만나도 걸림이 없습니다.

생각해 보십시오. 내가 근본적으로 온전하고 무한하고 자유로운 존재임을 아는 사람이 사사로운 생각 하나 감정 하나에 걸려 넘어지겠습니까? 단지 외견상 나의 의견이나 신념과 다르다고 해서 그것을 배척하거나 두려워하며 회피할 이유가 있겠습니까? 혹여 당장 아프고 슬픈 시련이 닥친다고 해도, 그 일이 나의 본성을 다치게 할 수는 없음을 안다면, 그에 의연히 대처할 수 있지 않겠습니까?

그렇습니다. 자신의 본성을 놓치지 않고 항상 기억하는 사람은, 모든 것을 성장과 배움의 기회로 삼고 그 안에서 내게 가장 좋은 생각, 좋은 감정을 선택하여 행동할 뿐이기에 거칠 것이 없고 막힐 것이 없습니다. 한마디로 주인의 자리에서 생각과 감정의 고삐를 틀어쥐고, 자신이 원하는 방향으로 삶을 능수능란하게 디자인할 수 있게 되는 것입니다.

배우는 자만 절정을 경험한다

내가 아직 깨어나지 못했다고 해도, 또한 지금은 깨달음을 알지 못한다고 해도, 무엇이든 배움과 성장의 기회로 삼으려는 태도만 갖추고 있다면 그에게는 곧 깨달음의 길이 열립니다. 삶 자체가 끊임없는 배움의 과정이고, 오직 배우는 사람에게만 다음 단계가 허락되기 때문입니다.

그러므로 '무엇을 위해서 배워야 하는가'라는 질문은 놓아 버리고, 그저 배움의 태도를 체득하려 하십시오. 이것이 어렵다고 불평하지도 마십시오. 인간의 뇌는 배울 때 가장 기뻐하고 행복해 한다는 사실이 이미 과학적으로도 증명된 지 오래입니다. 무엇이든 대충할 때는 그 기쁨과 행복을 알 수 없지요. 반면 하나를 배워도 온 마음과 힘과 뜻을 다해 몰두하면 뇌가 엄청난 세계를 경험합니다. 이를 절정경험이라고 하고, 최적경험이라고도 합니다. 우리말로는 '신난다'고 표현하지요. 내 안의 신(神)이 튀어나올 만큼 엄청난 경험이라는 의미입니다. 이때 우리의 뇌에서 생성되는 신경 화학물질을 다이돌핀이라고 하는데, 그 효력이 엔도르핀보다 4천 배는 더 강하답니다. 다시 말해 배우고 깨달음을 얻는 순간, 뇌가 지극한 행복을 경험한다는 말이지요. 그렇다면 불행하다고 습관적으로 투덜거리는 대신, 지금 할 수 있는 하나를 선택해 진심을 다해 배우고 깨치려고 하는 편이 내 삶을 행복하게 만드는 지름길이 아닐까요?

시공간을 초월해 만나는 깨달음

경전에는 우리가 생에서 배울 수 있는 최고의 것이 담겨 있습니다. 경전은 앞서 깨어난 선각자들이 삶의 원형과 깨달음의 정수를 보여 준다는 점에서, 인류가 대대로 전수하고 계승해야 할 최고의 유산이니까요.

이번 강의의 텍스트로 삼은 《장자》 또한 그 반열에 올리기에 손색이 없는 책입니다. 강의를 준비하면서 새삼 알게 된 점은, 《장자》도 다른 경전과 마찬가지로 사실의 세계와 마음의 세계, 존재계와 현상계, 도와 술을 함께 다루고 있다는 것입니다. 형이상학적 원리만이 아닌 구체적인 기술과 방법 들을 함께 전수하고 있는 책입니다.

    삶은 이론이 아니어서 형이상학적 원리만으로는 풀리지가 않지요. 그렇다고 원리 없이 실천 방법만 나열한다면 그 또한 공허할 것입니다. 그러므로 경전을 공부하는 이들은 통합적인 관점에서 읽고, 그에 비추어 자기의 삶을 반추하고 해석하며 적용하려는 노력을 기울여야 합니다. 그럴 때만이 경전에 담긴 진리가 시공간을 초월하여 내 삶 속으로 녹아드는 것을 체험할 수 있으리라 생각합니다.

내가 되어 나로 사는 길로 들어서라

그러나 《장자》를 읽고 공부하는 것이 장자를 신봉하기 위해서는 아닙니다. 그러므로 장자의 가르침에 깊이 감동했다고 해서 장자처럼 살 필요는 없습니다. 오히려 우리가 할 일은 그가 경험한 세계를 만나고 그가 본 빛을 내 삶에 끌어들이는 것이지요. 결국 우리는 각자 자신의 삶을 살아야 하니까요. 우리는 모두 이 지구별에 남이 아닌 내가 되어 나로 살러 왔으니까요.

    이와 관련하여 마늘 장수 이야기를 해 볼까 합니다. 시골 장터에서 마늘을 파는 사람이 있습니다. 그의 마늘은 품질이 엄청 좋기로 소문이 나서 서울에서도 사러 옵니다. 하지만 그는 꼭 열

접만 갖고 나옵니다. 더군다나 누가 한꺼번에 다 사겠다고 해도 결코 그렇게 처분하는 법이 없습니다. 이유를 물으니 이렇게 대답합니다. "돈만 벌려고 마늘을 팔러 나왔으면 그렇게 하겠지요. 하지만 나는 사람들 만나, 사는 이야기 나누고 어울리는 재미에 나옵니다. 그러니 한 사람에게 다 팔 이유가 뭐 있겠소?"

또 어떤 사람은 회사를 다니다가 어느 날 일을 접고 가난한 나라 오지에 도서관 짓는 일을 시작합니다. 그것도 기업에서 후원을 받아 건물 하나 뚝딱 짓는 방식이 아닌, 전 세계 이들에게 책을 보내 달라는 편지를 쓰고 돈을 십시일반 모으는 식으로 해서 가난한 아이들이 꿈을 실현할 수 있도록 돕는 일에 더 많은 이가 동참하게 합니다.

어떻습니까. 이 두 사람이 사는 모습은 다르지만, 거기엔 한 가지 공통점이 있지 않나요? 그건 바로 두 사람 모두 어떻게 살 것인가에 대한 물음을 놓지 않고 결국 자기가 되어 자기로 사는 길을 찾는 데 성공했다는 것이 아닐까요?

감히 기대하지 않은 축복이 우리 모두에게

삶에는 정해진 답이 없습니다. 그러니 답을 찾지 마세요. 그 대신 내가 지금 삶과 소통하고 있는지, 스스로 기쁨을 느끼고 있는지, 그리고 남에게 도움이 되고 있는지 물으십시오. 그러면 어느 순간 삶은 내가 바라고 꿈꾼 것 이상의 선물이 되어 있을 것입니다.

자기소개를 할 기회가 생길 때마다 저는 '감히 기대하지 않은 삶을 살고 있다'는 말을 꼭 덧붙입니다. 촌놈으로 태어나 들은 것도 본 것도 없이 자랐지요. 그런데 어느 날 선생님을 만나 책을 읽고 깨달음을 좇다가, 마침내 이렇게 많은 도반을 만나 날마다 성장하는 삶을 살고 있습니다. 그러니 어찌 감사한 마음을 품지 않을 수 있겠습니까.

지금 이렇게 몇천 년 전에 깨달은 인물을 만나고 그가 경험한 놀라운 세계를 볼 수 있는 여러분 또한 감히 기대하지 않은 축복을 누리고 있다고, 저는 말하고 싶습니다. 가치 있고 의미 있는 것을 함께 나누며 성장하는 것보다 더 큰 행복은 없으니까요.

그래요. 우리는 모두 복 받은 사람입니다. 그러니 앞으로 할 일은 그 복을 더 많은 사람과 나누고, 우리가 누린 축복의 빛으로 세상을 환하게 비춰 주는 것입니다. 그것이 나 자신의 삶과 통하는 길이며, 동시에 진리와 통하는 길임을 믿고 가십시오. 그 길 위에 선 우리는 모두 사랑으로 하나입니다.

고맙습니다.

여는 글 "장자는 내가 되어 나로 사는 길로 가는 안내자입니다" 004

1강 ○ 소요유1 – 변화에 대하여

어떻게 물고기 곤은 붕새가 되었는가

: 인생 최고의 기적은 '되어감'이다

규칙을 아는 사람만이 변화한다 021 | 상대세계 너머에 다른 세계가 있다 026
스스로 이름 붙이는 자가 되어라 031 | 물고기가 새가 되는, 최고의 역전 드라마 034
그대, 운명을 새로 쓰고 싶다면 037 | 사람이 사람 되는 4단계 039
하늘 연못으로 소풍 가는 길 042

2강 ○ 소요유2 – 다름에 대하여

매미와 붕새는 누가 더 잘났는가

: 차이를 통해 배우고 차별을 넘어 통합하고

궁극의 차원에서 환상과 실재는 하나 047 | 상대할 때 드러나는 다름 050
남과 다르고 싶고, 같아지고도 싶고 052 | 차이를 통해 배우고 감동하라 055
중도, 조율과 화합의 회색지대 058 | 색 안경 하나만 벗어도 달라진다 062
'하나'를 알고, 또 '다름'을 알라 065

3강 ○ 제물론1 – 참된 욕망에 대하여

어떻게 하늘 통소의 소리를 들을 것인가

: 하늘의 소리에 조응하는 4번가 사람

찾고 구하는 중심엔 삶이 있다 069 | 소유하고 있는가, 관계하고 있는가 071
삶은 내 생각 안에 들어올 수 없다 074 | 지금 여기에서 영혼의 첫소리 듣기 077
딱지를 떼고 보면 나는 나일 뿐 079 | 의식에 조응하는 세 가지 소리 081
디자이어를 흔들어 깨우는 천뢰 084 | 일을 통해 4번가로 간다 086
몰입, 진짜가 되는 첫걸음 089 | 할 수 있는 것, 하고 싶은 것에서 시작하라 091

4강 ○ 제물론2 - 균형에 대하여
조삼모사 원숭이는 무엇을 보지 못했는가
: 전체를 보라, 본래 하나임을 알라

주고받음에도 원리가 있다 095 | 생각과 느낌 밖에서 사실을 보라 099
조건화된 자동 반응이라는 덫 103 | 지력, 심력, 체력을 키워 무한대의 사람으로 107
무지와 가난과 허약에서 탈출하라 109 | 조삼모사 조사모삼의 기술 113
전체를 알 때 최선의 길이 보인다 116 | 하늘의 고름에 머물며 두 길을 걷는 사람 119

5강 ○ 제물론3 - 밝음에 대하여
빛은 밝기만 한가 어둡기도 한가
: 빛과 그림자를 동시에 꿰뚫는 지고의 의식

그림자, 우주가 보내는 가장 큰 선물 123 | 인생에도 동지와 하지가 있다 126
어디나 천국으로 만드는 연금술의 비결 129 | '해요카'의 목소리를 들어라 132
고착된 의식을 떠날 때 빛이 비추니 134 | 이원성 너머의 언어로 해석하라 137
진짜 말, 나의 말을 하는 사람이 되자 140 | 모든 것을 꿰뚫어 보는 밝음 143

6강 ○ 제물론4 - 가능성에 대하여
꿈꾸지 않는 애벌레도 나비가 될 수 있는가
: 다 되어 있는 세계에 접속하고 공명하라

삶의 차이는 무엇에 공명하는가의 차이 151 | 첫걸음은 감정의 정화부터 154
칠정을 건드려야 치유가 일어난다 156 | 물음으로 빛과 그림자의 경계를 허물다 158
나의 디자이어에 공명한다는 것 161 | 이미 되어 있는 것을 나타나게 하라 164
내 안에 모든 가능성이 있다 167

7강 ○ 양생주1 - 일에 대하여
깨달은 백정의 칼은 무엇을 베었는가
: 열정과 깨달음이 공존하는 양생의 비결

내 속을 비추는 도구, 생각 바꾸기 171 | 내 신념 체계에 들어오지 않는 우주 질서 174
기울지 말고 집착도 말라 176 | 도를 귀히 여기고 술을 행하는 자 179
감각과 생각으로는 실재를 알 수 없다 182 | '소'만 볼 때 사라지는 '관계' 185
소도 사라지고 나도 사라지는 경지 188 | 지금 위치부터 파악하라 191
소질과 재능을 전공으로 삼아라 193 | 디자이어에 생명력의 씨앗이 있다 196

8강 ○ 양생주2 - 믿음에 대하여
누가 소경의 눈을 뜨게 했는가
: 운과 노력을 넘어서는 제3의 길

미답지를 찾아 길을 내는 사람 201 | 불안과 두려움을 뒤집는 78 대 22의 법칙 204
내가 할 일은 가능성을 활용하는 것 207 | 무엇이 사람의 일이고 하늘의 뜻인가 209
기존의 틀을 뛰어넘는 다른 길이 있다 211 | 뇌에 새로운 수신기를 달라 213
나는 하늘의 뜻을 드러내는 메신저 216 | 믿고 행하는 자에게 축복을 218

9강 ○ 인간세 - 비움에 대하여
밥을 굶을까, 마음을 굶길까
: 심재의 도로 마음을 물들이다

삶은 형식이라는 OS와 내용이라는 IA의 통합 221 | 생각으로 구원을 바라지 말라 224
오직 존재에 귀 기울이라 227 | 꽉 차 있는 마음이 곧 에고다 230
심재를 이루는 세 가지 비결 233 | 도는 텅 빈 곳에만 자리할 수 있다 236
나와 세상은 함께 아름다워진다 239

10강 ○ 덕충부 – 덕에 대하여
마음을 보라는데, 몸 밖은 왜 쳐다보는가
: 군더더기 없이, 오직 배려하고 친절하라

도망갈 것인가, 성장할 것인가 243 | 덕이란 다름을 기꺼이 수용하는 태도 246
절대계도 모르고 상대계도 모르는 사람 248 | 옷은 그저 입고 벗는 것일 뿐 251
덕의 키워드는 수용과 감사 254 | 하늘의 눈으로 보니, 일체가 좋더라 257
유정에서 무정으로, 수평에서 수직으로 260 | 배려와 친절이 삶을 명품으로 만든다 263

11강 ○ 대종사 – 진인에 대하여
발꿈치로 숨을 쉬는 자는 누구인가
: 생애 가장 큰 기쁨은 선생을 만나는 것

하늘은 곧 내가 원하는 것을 원해 267
우리는 모두 욕망으로 존재하고 움직인다 270 | 의식 차원에 비례하는 욕망의 수준 272
왜 99퍼센트는 놔두고 1퍼센트에 집착하는가 274
진정 안다는 것은 앎을 넘어서는 것 276 | 진인만이 대안이다 278
도를 들은 자의 얼굴은 갓난아기와 같으니 280
외천하에서 불사불생까지, 득도의 단계 282 | 자기를 비워 선생님을 만나다 285
책을 통해 만나고 배우는 진인의 삶 288

12강 ○ 응제왕 – 근원에 대하여
"네가 왕이냐?"
: 마땅히 왕이 될 만한 나를 찾아서

극과 극이 만나 통할 때 뇌는 행복하다 293 | 진정한 '왕'에겐 '나'라는 것이 없다 296
뿌리는 존재에 두고, 주파수는 하늘에 맞추고 299 | 근원에서 나오기 이전의 본모습 302
존재와 현상을 넘나드는 특권을 누려라 305

일러두기

이 글에서 인용한 《장자》는 오강남 선생이 현암사에서 낸 《장자》 1999년본을 바탕으로 필자가 다듬은 것입니다. 이 자리를 빌려 오강남 선생과 현암사에 고마운 마음을 표합니다. 시 〈먼 길〉 게재를 허락해 준 문정희 시인께도 감사드립니다.

1강 소요유1 – 변화에 대하여

어떻게 물고기 곤은 붕새가 되었는가

인생 최고의 기적은
'되어감'이다

그대들은 육체 속에 갇힌 존재도,
집이나 일터에 갇힌 존재도 아니다.
산 위에 살며, 바람 따라 방랑하는 존재.
그것이 바로 그대들이다.

―

칼릴 지브란의 《예언자》 중에서

규칙을 아는 사람만이 변화한다

며칠 전 일입니다. 아는 사람 하나가 전화를 해서 고민을 늘어놓습니다. 하는 일마다 안 되니 어떻게 살아야 할지 모르겠다는 겁니다. 가만히 듣다가 한마디 했지요. "이보게, 자네 인생은 이제 후반전이야. 그런데 아직도 전반전 작전을 계속 쓰고 있잖은가. 이제라도 후반전에 맞는 작전을 새로 짜서 적용해 보게."

축구를 좀 아는 분들은 이 말을 금세 이해할 수 있을 것입니다. 전반전에는 분명 공이 들어갔는데, 똑같은 작전대로 하는데도 후반전에서는 매번 어긋나는 경우가 있습니다. 이는 전반전과 후반전의 상황이 바뀌어서 그렇지요. 선수들의 체력, 상대편의 전술 등 모든 것이 변화되었는데도 전반전의 작전을 그대로 고수하기에 일어나는 일입니다.

현명한 감독이라면 이와 같은 상황에서 신속하게 변화를 읽어 작전을 바꾸겠지요. 반면 어리석은 감독은 선수들 탓을 합니다. 혹은 심판이 공정하지 못하다, 상대편 선수들이 거친 플레이를 한다는 등의 말로 핑계를 대거나 변명을 합니다.

인생을 축구 경기에 비유하면 어떨까요? 여러분은 변화하는 상황에 따라 얼마나 자유자재로 자신을 바꿔 가고 있습니까? 전반전에 모든 게 잘 풀렸다고 후반전에서도 그 모습 그대로 살아가는 것은 아닌가요? 아니, 심지어는 전반전 때 별 재미를 못 보았는데도, 아무런 변화를 취하지 않고 그냥 살고 있는 것은 아닌가요? 그러면서 외부 상황을 탓하고 남 핑계를 대며 오직 불평과 불만이 가득한 상태에서 살고 있지는 않은가요?

다윈은 말했습니다. 이기는 자가 살아남는 것이 아니라 변화에 적응하는 자가 살아남는다고. '나타난' 이 세계의 가장 큰 특징은 모든 것이 변화한다는 것이지요. 그러므로 그 변화를 알지 못하거나 알려고도 하지 않고 처음부터 끝까지 자기 생각과 방식만을 고집하는 것은 무지하고 교만한 행동입니다. 이렇게 사는 사람은 결국 이 삶에서 아무것도 배우지 못한 채 퇴행할 수밖에 없습니다.

그런데 변화의 흐름을 자세히 살펴보면 그 안에도 질서라는 게 있습니다. 원칙과 규칙이 있다는 것이지요. 그러니까 축구를 즐기려면 먼저 축구의 규칙을 알아야 합니다. 야구나 그 외의 스포츠도 마찬가지죠. 그 스포츠를 제대로 즐기려면 무턱대고 변화를 도모하기 이전에, 먼저 그 안에서 통용되는 질서를 파악해야 합니다. 그래야만 그 질서 안에서 자유자재로 변화를 구사할 수 있는 것입니다.

손자가 병법의 핵심으로 정의한 '원칙'과 '변칙'의 개념은 이를 정확히 보여 주고 있습니다. 한마디로 정리하면 원칙을 잡고 변칙을 써야 성공한다는 것이지요. 원칙만 고수하고 변칙을 쓰지 못하면 실패합니다. 반대로 원칙은 없이 변칙만 써도 성공을 못해요. 눈앞의 작은 이익은 거둘 수 있을지언정 궁극적으로는 무너지지요.

인생 또한 마찬가지입니다. 삶에도 무척 섬세하고 구체적인 규칙들이 있어요. 통용되는 질서가 있다고요. 놓치지 말아야 할 원칙이 있고, 자유자재로 구사해야 할 변칙이 있습니다. 이를 저는 '존재에 단단히 뿌리를 내리고, 현상 세계의 변화에 맞게 다양하게 자신을 바꾸어 가야 한다'고 말합니다. 다른 말로 하면 참나를 알고 세상을 아는 것이라 할까요.

이 두 가지를 확실하게 알면 삶의 길을 가는 데 필요한 질서, 규칙이 한눈에 들어옵니다. 곧 도통하게 되는 것이지요. 주먹이 가는 길에도 도가 있고[태권도(跆拳道)], 붓이 가는 길에도 도가 있다고[서도(書道)] 하지 않습니까. 차 한잔 마시는 데에도 도가 있는데[다도(茶道)], 설마 삶의 길에 도가 없을까요?

그 도를 통할 때 우리는 군자가 되고 도인이 됩니다. 이미 그렇게 살다 가신 분이 아주 많아요. 비록 그분들이 사용한 단어와 표현 방법은 다를지언정, 삶의 도를 전하고자 한 것이 그분들의 궁극적인 목표였지요. 우리가 이제부터 만나 볼 주인공도 그런 분이었음에 틀림없습니다.

본명이 장주(莊周)인 장자는 송나라 사람으로, 생존 연대는 기원전 369년에서 286년 사이로 추정됩니다. 그의 이름을 그대로 딴 책《장자(莊子)》는, 기록에 의하면 원래 52편에 달하던 것을 북송의 곽상(郭象)이라는 사람이 33편으로 정리하고 거기에

주(注)를 달아 새로 편집했다고 하지요. 말하자면 우리가 지금 보는 장자는 곽상의 편집본이라는 얘기입니다.

장자는 〈내편(內篇)〉 7편, 〈외편(外篇)〉 15편, 〈잡편(雜篇)〉 11편으로 구성되어 있는데, 이 중 〈내편〉은 장자가 직접 저술한 것이라는 데 이견이 없습니다. 앞으로 총 12강으로 이루어질 저의 강의도 〈내편〉만 다룰 것입니다.

첫 강의의 제목은 '소요유'입니다. 소풍 간다 할 때의 소(逍), 멀 요(遙), 즐길 유(遊)지요. 해석하면 '멀리 소풍 나가 즐긴다'는 뜻입니다. '소요유'에서 오늘 강의의 중심이 될 말씀을 인용하면 아래와 같습니다.

> 북쪽 깊은 바다에 물고기가 살았는데, 이름을 곤(鯤)이라 한다. 곤의 크기가 몇천 리인지 알 수 없다. 이 물고기가 변하여 새가 되니, 이름을 붕(鵬)이라 한다. 붕새의 등허리가 몇천 리인지 알 수 없다. 곤이 한번 기운을 모아 힘차게 날아오르면 날개는 하늘에 드리운 구름과 같다. 이 새는 바다 기운이 움직여 물결이 흉흉해지면 남쪽 깊은 바다로 가는데, 그 바다를 예로부터 하늘 못[天池]이라 한다.

북쪽 깊은 바다에, 이렇게 시작하지요. 방향입니다. 이 세상엔 동서남북이라는 방향이 있습니다. 얕고 깊음도 있지요. 바다와 육지도 있습니다.

그렇다면 혹시 북쪽만 있을 수는 없을까요? 남쪽 없는 북쪽 혹은 얕음 없는 깊음이 과연 존재할 수 있을까요? 그것은 불가능하다는 것을 여러분은 알고 있을 겁니다. 북쪽이 있다는 건 남쪽도 있다는 뜻이고, 위가 있다는 건 아래도 있음을 의미하니까요. 그 이유는 이 세상이 이원론을 바탕으로 하는 상대세계이기 때문입니다.

바로 이 대목에서 인생 최고의 비밀 하나가 나옵니다. 그건 '상대해야 한다'는 것입니다. 여러분, 어렸을 때 종종 이런 말을 했거나 들어 봤지요? "나, 앞으로 너와는 상대를 안 할 거야." 하지만 이 세상에 나타난 이상, 상대를 안 하고 살 수는 없습니다. 즉, 상대를 안 할 거라는 말은, '상대를 안 하는 상대'를 할 거라는 의미를 담고 있다 하겠습니다.

가족과 관계를 끊고 혼자 사는 것도, 육식을 하지 않고 채식만 하는 것도, 누구를 사랑하고 미워하는 것도 결국은 그런 상대를 하고 있는 것이지요. 이 세계는 이미 상대하기로 되어 있는 상대계이니까요. 상대하는 것으로부터 벗어날 수 있다고 생각할 수는 있을지언정, 실제로는 불가능합니다. 그런 면에서 인생 제1의 규칙은 상대해야 한다는 것이라고 정리할 수 있겠습니다.

상대세계 너머에 다른 세계가 있다

진정 우리의 삶을 흥미롭게 하는 것은, 상대세계만이 아닌 다른 차원의 세계가 존재한다는 점입니다. 다시 말하면 상대해야만 하고 상대하기로 되어 있는 세계 너머에 또 다른 세계가 있다는 것이지요. 우리보다 앞서 세상을 살다 간 현자들은 열이면 열 전부 이런 얘기를 들려주고 있습니다. 그중에서도 피타고라스는 이를 아주 명료하게 보여 준 사람입니다. 그가 정립한 이론을 그림으로 한번 풀어 볼까요?

뤼디거 달케, 《운명의 법칙》
(블루엘리펀트, 2012), 12쪽.

위 그림을 설명하면 안쪽(내면)은 에소테로스(esoteros)의 세계고, 바깥쪽(외면)은 엑소테로스(exoteros)의 세계입니다. 전자는 숨겨진, 드러나 있지 않은 세계를 뜻하지요. 다시 말해 이는 파동이고, 존재계고, 여기나없이있음의 절대세계입니다. 그렇다면 그것으로부터 파생된 후자는 무엇을 의미할까요? 입자고, 현상계고, 나타남의 세계이지요. 다른 말로 하면 이곳나되어감의 상대세계인 것입니다.

여기나없이있음이라는 말은 보편적인 존재를 가리키는 단어입니다. 여기에서 '보편적'이라는 뜻은 시간과 공간 안의 어떤 대상을 지칭하는 말이 아니라는 것입니다. 시간과 공간 안에서는 특수한 개별자의 이름으로 나타나겠지요. 그러니 '여기'는 공간적 개념이 아닙니다. 이곳도 저곳도 그 어디도 아닙니다. 그러한 공간들이 가능하게 하는 기반이라고나 할까요. '나'도 이 사람, 저 사람, 이름 지어진 그 누구도 아닙니다. 그러한 개별자들이 있기 이전의 보편적 존재에 대한 표현입니다. '있음'도 우리 눈에 나타난 그 무엇을 말하지 않습니다. 구체적으로 특수한 모습으로 나타난 것들을 존재자라 한다면 있음은 존재입니다.

중요한 것은 여기나없이있음을 말이나 글로가 아니라 온 마음과 몸으로 체험해야 한다는 점입니다. 그래야 산지식이 되고 지혜가 되지요. 그래서 '여기나없이있음'은 절대성의 회복입니다. 존재로의 돌아감입니다.

여기나없이있음이 존재, 4차원이라면 이곳나되어감은 현상, 3차원입니다. 이곳은 구체적으로 어디입니다. 대한민국 서울, 대전……. 그곳에 이름을 가진 이○○로 나타나서 시간의 흐름 속에 성장하기도 하고 퇴보하기도 하는 구체적인 존재자로 되어

가는 것입니다. 이곳에서는 구별이 있습니다. 남자로 여자로 아버지로 어머니로 직업인으로 친구로 도반으로 사업가로 예술가로…… 살아가는 것입니다. 자신만의 생각과 느낌을 가꾸고 표현하고 창조하고, 다른 사람들을 배려하고 존중하면서 그렇게 함께 살아가는 세계인 것입니다. 맛보고 누리고 나누는 만큼 풍성해지는 세계입니다.

여기와 이곳은 분리되어 있지 않습니다. 함께 있지요. 존재와 존재자는 분리되어 있지 않습니다. 그러나 존재와 존재자 사이에는 차이가 있습니다. 공(空)과 색(色)은 분리되어 있지 않습니다. 그러나 다릅니다. 우리는 지금까지 이곳이 전부인 양 생각하며 살아왔습니다. 존재를 망각한 채 현상에 파묻혀 살아왔다는 것이지요. 여기나없이있음을 통해 현상에서 존재로의 귀환이 이루어졌습니다. 여기나없이있음과 이곳나되어감이 통합된 삶을 살아갑니다. 통일입니다. 거듭났으니 이제는 자라 가야 합니다. 눈을 떴으니 건강하고 아름답게 자기를 창조적으로 표현하면서 살아가야 합니다. 그래야 삶이 풍성해집니다.

몸을 지니고 이 세상에 나타난 우리는 감각에 의해 인지되는 세계, 곧 보이고 들리고 만져지는 이 세계만이 전부인 줄 알고 삽니다. 하지만 피타고라스를 비롯한 많은 현자가, 단지 그 세계만 있는 게 아니라고 강조하지요. 나타난 세계의 근원이자 원천인, 아직 나타나지 않은 세계가 있다는 겁니다.

이 나타나지 않은 세계, 곧 영(靈)이고 무(無)고 공(空)이고 절대인 그 세계를 모르는 사람은 오직 이원론에 근거하여 상대하기 때문에, 무엇이든 좋고 나쁘고 아름답고 추하고 옳고 그르다는 틀 안에서 판단합니다. 그래서 좋은 사람이 있고, 화날 일이 있고, 징그러운 것이 있고, 싫은 사건이 있고, 경쟁하고 다툼해야 할 관계만 있는 거예요.

반면 그 너머의 절대계를 보고 경험하여 아는 사람에게는 화날 일이 없습니다. 다만 그 일만 있지요. 예를 들어 친구가 약속을 어긴 일이 더는 화날 일이 아니라, 그저 약속을 어긴 일이 되는 것입니다. 바람을 피워 이혼하는 사람은 나쁜 사람이 아니라, 다만 바람을 피워 이혼한 사람인 것이고요.

생각에서 깨어나 이런 인식이 열리게 되면 화날 일이 따로 있지 않습니다. 아름답고 추한 사람이 따로 있지 않습니다. 무엇은 옳고 무엇은 그르고, 무엇은 아름답고 무엇은 추하다는 내 관념만 내려놓으면, 그저 그 일, 그 사건, 그 사람만 남게 되는 것이지요. 이처럼 사실을 사실로 인식하면, 이원성의 상대세계를 살아도 그 이원성에 휩쓸리지 않습니다. 존재계 차원에서는 모든 것이 하나이고 절대임을 알기 때문이지요. 그러므로 어떤 시련과 고통이 닥쳐도 그것을 다만 자신이 성장하는 기회로 삼고, 그에 도움이 되는 생각과 느낌과 행동을 선택합니다. 그렇게 함으로써 보이는 세계와 보이지 않는 세계의 통합을 자신의 삶에서 이루어 나가는 것이지요.

모든 도(道)는 결국 보이는 세계와 보이지 않는 세계가 하나임을 알려 주고 있어요. 《성경》에서 예수는 이를 "나와 아버지는 하나"라는 말로 정의했지요. 다시 말해 도를 추구한다는 것은, 상대 너머의 또 다른 세계가 있음을 경험함으로써 삶의 가장 큰 규칙인 '상대'를 어떻게 지혜롭고 풍요롭게 해 나갈 것인가를 터득해 가는 과정이라 하겠습니다.

스스로 이름 붙이는 자가 되어라

본문을 보겠습니다. 북쪽 깊은 바다에 물고기가 살았다고 하지요. 이름이 곤이에요. 이 상대세계에는 방향만 있는 것이 아니라 색깔과 모양 그리고 이렇게 이름도 있습니다. 반면 절대계에는 책상이라는, 가방이라는 명칭이 없습니다. 남녀라는 성별도, 회장·과장이라는 직책도 없어요. 이 아무개 김 아무개라는 이름도 없습니다. 그저 모든 것이 영(靈)으로 하나일 뿐이지요.

절대세계까지 갈 것도 없이 사실의 세계에만 눈을 떠도 이름은 아무 의미를 갖지 못함을 알 수 있습니다. 그런데 현상계에서는 종종 이름을 사실로 착각하며 삽니다. 가방을, 가방이라 불리는 그것이 아닌 가방으로만 보는 거예요. 또한 변기는 오직 변기여야 하는 겁니다. 하지만 가방에 쥐가 살면 쥐 집이 되듯, 변기도 어느 순간 예술작품으로 변모할 수 있습니다. 뒤샹(Duchamp)이라는 화가가 실제로 남자들 변기를 갖다 놓고 〈샘〉이라는 작품명을 붙여 전시하지 않았습니까? 이것이야말로 이름은 붙이기 나름임을 보여 준 일대 사건입니다. 더 나아가서는 이름을 사실로 알아 온 의식을 바꾸면, 생각 동네에서 사실의 동네로 갈 수 있음을 알려 준 것이라 할 수 있습니다.

우리 인생도 실은 이름 붙이기 게임이나 다름없지요. 한번 곰곰이 생각해 보십시오. 내게 일어나는 일들, 내 주변 사람들에게 내가 어떤 이름을 붙이고 있는지 말입니다. 사는 게 너무 힘들다고 푸념하는 사람은 삶에 힘들다는 이름을 붙여 주는 거지요. 믿을 놈 하나 없는 더러운 세상이라고 하면, 이 세상에 더럽다는 이름을 붙여 주는 것이고요.

이처럼 내가 어떻게 이름을 붙이느냐에 따라 자기의 삶이 결정됩니다. 보통은 입력된 정보에 따라 이름을 붙이지요. 이런 사람은 나쁜 사람, 이런 일은 피하고 싶은 힘든 일, 또 저런 물건은 가지고 싶은 탐나는 물건, 그런 사건은 있어서는 안 될 고통스러운 사건, 이런 식으로요. 그런데 이렇게만 살아서는 내 인생을 주체적으로 살 수가 없습니다. 신명나게 살기란 더더욱 불가능합니다.

그렇다면 입력된 정보들을 전부 지우고 없음의 자리에서 다시 시작하면 어떨까요? 이것은 화날 일이라는 기존의 딱지를 떼고, 대신 내가 선택해서 화를 낼 수 있고 내지 않을 수도 있다고 가정해 보면 어떨까요? 또한 옳은 것과 그른 것을 나누는 대신, 다만 그것을 그것으로 보면 어떨까요?

이런 사람은 아마도 자신과 삶에 긍정적인 이름을 붙여 줄 수 있을 것입니다. 또한 흔히 말하는 시련과 고통을 만나도, 그것을 자기가 성장할 수 있는 기회로 삼아 멋지게 넘어설 거예요. 다시 말해 세상에 의해 흔들리고 꺾이는 노예가 아닌, 세상이 어떻게 할 수 없는 주인이 되는 겁니다.

여러분은 어떤 사람이 되고 싶어요? 정말 아름다운 사람이 되고 싶다면, 자신에게 아름다운 사람이라는 이름을 붙이고, 자기보다 앞서 아름답게 살아가고 있는 사람을 멘토로 삼아 그처럼 하세요. 그러면 세상 누구보다 아름다운 이가 될 겁니다. 꿈은 전부 이렇게 해서 이루어집니다.

물고기가 새가 되는, 최고의 역전 드라마

계속해서 본문 갑니다. 크기를 알 수 없이 거대한 곤이라는 물고기가 변하여 무엇이 되었다고요? 붕이라는 새입니다. 저는 이 대목에서 아주 큰 전율과 감동을 느꼈어요. 물고기가 변하여 새가 되었다, 이를 한문으로 하면 화이위조(化而爲鳥)입니다. 그렇다면 여기서 변화한 것은 과연 무엇일까요? 다름 아닌 차원의 변화입니다. 수평 이동이 아닌 수직 이동이지요. 이것이야말로 세상에서 가장 아름다운 역전의 드라마가 아닌가 싶어요. 물고기와 새는 죽을 때까지 물고기와 새로 사는 게 아니라, 얼마든지 변하고 바뀔 수 있음을 알려 주고 있으니까요. 인간으로 치면, 천민은 평생 천민이고 양반은 평생 양반이 아니라는 겁니다. 즉, 운명은 고정된 게 아니라 자기가 어떻게 만들어 가느냐에 달려 있다는 말입니다.

사실 현자들은 운명을 고정된 것으로 구조화한 사회를 무너뜨리고 바꾸기 위해 싸운 사람이에요. 진정한 혁명가였죠. 부처는 브라만 계급만 구원받는다고 믿는 사회에서 이렇게 외쳤습니다. 누구든 깨달으면 다 부처가 될 수 있다! 예수는 또 뭐라 했게요. 세상 사람 전부를 죄인으로 몰아가는 사회 속에서, 우리는 다 신의 아들이라고 하지 않았습니까? 부처가 되고 신의 아들이 되는 데는 학력, 재산, 가문 다 필요 없다는 거예요. 그런 것들과는 아무런 상관이 없다는 겁니다.

알다시피 인도에는 브라만, 크샤트리아, 바이샤, 수드라라는 4대 계급이 있습니다. 그런데 가장 낮은 계급인 수드라에도 속하지 않는 계급이 또 하나 있어요. 그게 바로 '달리트(Dalit)'라 불리는 불가촉천민입니다. 전체 인도인 중 15퍼센트 정도가 여기에 속한다고 해요. 지금도 그렇지만 과거엔 이들에 대한 탄압과 지배가 아주 심했죠. 침 흘리지 말라고 턱에 받침대를 달고 다니게 했습니다. 또 발자국 남기지 말라고 빗자루를 늘 갖고 다니게 했어요. 그러니 기초교육을 제대로 받을 수나 있었겠습니까. 오히려 불가촉천민이 힌두 경전인《베다》를 읽으면 입을 없애고, 경전 읽는 소리를 들으면 귀를 자르고, 경전을 외우면 몸을 두 쪽 낸다고 할 정도로 통제가 엄격했습니다.

그런데 참으로 놀라운 일이지요. 그런 상황에서도 스스로 글을 깨치는 자들이 간혹 생겼으니까요. 그중 한 남자는 제 아이의 운명을 바꾸는 길이 책상 앞에 앉히는 것이라 여겨, 아이에게 글을 가르쳤습니다. 또한 시시때때로 강조했지요. 운명은 정해져 있는 게 아니라 네가 만들어 가는 것이라고. 아이는 그런 아버지의 영향과 보호 아래서 산스크리트어를 배웁니다. 출중한 실력을 바탕으로 뭄바이 대학에서 경제학 석사를 취득해요. 그리고 인디애나 주립대학으로 유학 가서 장학금을 받아 가며 공부를 계속하지요. 그렇게 해서 마침내 경제학 박사가 되어, 아프

가니스탄 은행과 인도 은행에서 자문위원으로 일을 합니다. 지금은 푸네(Pune) 대학 총장인 쟈다브가 바로 그이지요. 쟈다브가 학생들에게 늘 하는 말이 있어요. 운명은 주어진 것이 아니라는 거지요. 그러고는 자기가 오랜 세월 지켜 온 신조를 다음과 같이 밝힙니다. '첫째, 목표는 높이 세우고 꿈은 크게 가져라. 둘째, 목표를 놓치지 말고 늘 그에 대한 항상심(恒常心)을 유지하라. 셋째, 이미 그 목표가 이루어진 것처럼 노력하라. 넷째, 시간을 아껴라. 다섯째, 완벽을 지향하며 정도(正道)를 걸어라. 여섯째, 항상 가족을 생각하라. 일곱째, 이 사회에 무엇을 기여할 것인가 끊임없이 생각하라.'

그대, 운명을 새로 쓰고 싶다면

그러고 보면 우리 삶이란 미꾸라지가 용 되는 게 아닐까 싶습니다. 제가 지난 20년 넘게 해 온 일을 곰곰이 따져 보니 바로 그것이더라고요. 수련하러 오는 이는 대부분 자기가 미꾸라지인 줄 알고 살아요. 춥고 어두운 진흙 속에 사는 물고기인 줄 알지요. 그런데 제가 뭐라 그럽니까? 당신들은 이미 용이다, 잃어버린 날개만 다시 찾으면 된다고 하지요.

　잃어버린 나를 다시 찾는 방법은 어렵지 않습니다. 지금 내가 하고 싶은 것, 할 수 있는 것부터 시작하면 됩니다. 돈 벌어서 성공하는 것은 내 맘대로 안 되지만 내가 아름다운 사람, 친절한 사람, 행복한 사람 되는 것은 당장 마음먹으면 할 수 있지 않습니까? 다 돈 벌면, 건강하면, 성공해서 이름을 날리면 행복하리라 생각하지만 천만에요. 있는 그대로의 행복함을 모르는 사람은 그 어떤 조건을 다 갖춰도 결코 행복할 수 없습니다.

　지금 하고 싶은 일, 잘할 수 있는 일을 시작해서 운명의 드라마를 새로 쓴 사람 이야기 하나 할까요? 이 남자는 43년을 살면서 직업을 15번 바꿔요. 보험회사에도 다녀 보고 카센터에서도 일을 해 봅니다. 그런데도 인생이 영 안 풀리는 거예요. 신이 안 나고 재미가 없습니다. 돈도 잘 못 벌고요. 그러던 어느 날, 길을 걷다 찔레꽃을 발견합니다. 향기가 정말 좋아서 저절로 노래가 흘러나와요. 나도 저 꽃처럼 내 향기 한번 내보고 싶다고 마음먹습니다. 그날 이후 남자는 하고 싶은 일 열 가지를 목록으로 작성해요. 그중 마지막 것이 태평소 불기였습니다. 그는 전부터 태평소 불기를 좋아했어요. 사사도 했죠. 하지만 먹고사는 일에 치여 뒷전으로 미루어 놓았던 겁니다. 그는 일을 다 그만두고 유명한 사물놀이 패와 어울리며 3년간 태평소만 붑니다. 전주대사습놀이에 나가 대상도 받아요. 공연을 끝내고 뒤풀이를 할 때면 제 멋에 취해 〈동백아가씨〉를 부릅니다. 하루는 그 자리에 피아니스트로 유명한 임동창 씨가 함께했습니다. 임동창 씨는 남자의 노래를 듣고 제안합니다. '노래가 참으로 듣기 좋으니' 음반을 내자고 말이에요. 그렇게 해서 남자의 1집 음반이 세상에 드러나 빛을 보게 되지요. 그가 바로 우리 시대 최고의 소리꾼 장사익 씨입니다.

사람이 사람 되는 4단계

물고기가 새가 되듯이, 불가촉천민의 아들이 유명 대학 총장이 되고 보험 상품을 팔던 이가 대한민국 최고의 소리꾼이 됩니다. 인생에 이런 되어감의 과정이 없다면 무슨 재미로 살까요? 더욱이 사람만 이런 가능성을 갖고 태어난다는 게 중요해요. 아니, '사람으로 이곳에 온 자체가 되어 가기 위해서다'고 말하는 것이 더 맞을 겁니다. 우리는 모두 태어나면서부터 누군가의 자식이 되고, 크면서 아이가 되고 청년이 되고, 나아가 회사원이 되고 예술가가 되니까요.

그런데 누구나 되어감의 운명을 타고난다고 해서 아무나 물고기가 새로 변하는 기적을 이루는 것은 아닙니다. 그런 거대한 변화, 즉 역전의 드라마의 주인공이 되려면 큰 바람을 맞아야 합니다. 그러려면 우선은 바람을 기다릴 줄 알아야 해요. 달걀도 21일을 기다려야 병아리가 되잖아요. 주식도 아무 때나 투자하다가는 손해만 보기 십상이지요. 회사는 또 어떻습니까? 힘들다고 금세 그만두면 남는 게 뭐 있나요? 많은 이가 전문가가 되지 못하는 이유는 대부분 기다리지 못해서입니다. 새가 되려다가 떨어지는 격이죠. 조금만 참고 가면 되는데 말입니다.

자, 인내하여 기다리다 드디어 바람을 만났어요. 이제는 바람을 타야 할 시간입니다. 바람에 올라타 함께 날아올라야 합니다. 그런데 이게 또 쉽지가 않습니다. 연애든, 일이든, 사업이든, 기다리던 때가 와도 그걸 잡지 못하고 주저하는 이가 많아요. 믿고 올라타야 하는데, '예' 하고 그냥 가야 하는데, 그걸 못하는 겁니다. 아직 에고가 그만큼 강하기 때문이에요. 그 에고를 깨뜨리기 위해서라도 일생에 한 번은 그냥 믿고 가 보는 경험이 필요합니다. 그 경험이 없으면 평생 자기 에고 속에 갇혀 살아갈 수밖에 없어요. 그러니 바람을 만났으면 계산하지 말고 의심도 하지 말고 훌쩍 올라타세요.

그다음은 바람을 등지는 것입니다. 바람이 불어오는 쪽으로 등을 돌리면 어때요? 바람에 훅 떠밀리지요. 이것이야말로 바람에 전적으로 나를 맡기는 행위입니다. 내가 뭘 어떻게 해 보려는 것이 아니라, 바람이 나를 데리고 가게 하는 거예요. 그리고 마지막은 바람을 버리는 단계입니다. 나를 데리고 가는 그 바람마저도 놓아 버리고 완전한 자유를 누리라는 겁니다.

인도에서는 인생을 크게 네 시기로 나누어 그 시기에 어떻게 살아야 하는지를 제시합니다. 이를 아쉬라마(ashrama)라고 하는데, 이에 따르면 25세까지는 학생기(學生期)로, 이 시기에는 인생의 기초가 되는 이치[다르마(darma)]를 공부하고 몸과 마음을 훈련합니다. 그다음 50세까지는 가주기(家住期)로, 결혼을 하여 자식을 낳아 기르는 것을 목적으로 합니다. 가장은 생계를 책임지고 아내는 아내대로 가정을 잘 꾸려 가야 하는 역할과 의무가

이 시기에 특히 강조됩니다. 그리고 인생의 마지막 두 단계는 임서기(林棲期, 75세까지)와 유랑기(流浪期, 죽음에 이르기까지)로, 전자가 세상에 대한 집착을 끊고 자연 속에서 경전을 공부하며 종교 의식에 전념해야 할 시기라면, 후자는 죽음이 찾아올 때까지 일정한 거처 없이 떠돌며 깨달음을 추구하는 시기입니다.

앞서 설명한 물고기가 새가 되는 4단계를 이 아쉬라마 이론에 대입해도 큰 무리는 없을 것 같습니다. 바람을 기다리는 시기가 학생기라면 바람에 올라타는 시기는 가주기죠. 그리고 바람을 등지다 버리는 시기가 각각 임서기와 유랑기에 해당합니다.

이를 또한 현대적인 언어로 풀이하면, 과학과 철학과 종교와 예술의 세계에 빗대어 설명할 수 있습니다. 인생의 초반에는 철저하게 사실, 즉 과학의 토대 위에서 사고하는 법을 배워야 하지요. 그런 다음 세상의 이치를 터득하면서 철학의 세계를 알아 갑니다. 그런 후에 과학과 철학이 하나로 통합되는 종교를 만나고, 그동안 경험한 세계와 삶을 표현해 내는 예술에 접촉되지요.

과학과 철학과 종교와 예술이 바깥으로 드러난 것이라면, 인간 내면에는 그에 조응하는 오성, 이성, 영성, 감성이 있습니다. 그래서 내가 바깥의 네[四] 세계에 열리면 내면의 네[四] 성(性)이 꽃피고, 내가 내면의 네[四] 성을 잘 가꿔 갈수록 바깥의 네[四] 세계에 대한 이해도 깊어지지요. 고래로 안팎의 이 네 가지 영역에 통달할 때 비로소 사람(四覽)이 된다고 했으니, 우리의 인생 자체가 사람이 되어 가는 과정이 아니겠습니까?

하늘 연못으로 소풍 가는 길

오늘 읽은 본문의 마지막 부분을 한 번 더 보겠습니다.

이 새는 바다 기운이 움직여 물결이 흉흉해지면 남쪽 깊은 바다로 가는데, 그 바다를 예로부터 하늘 못[天池]이라 한다.

우리는 이 지구에 왜 왔을까요? 사람이 되기 위해서입니다. 그러니 사람이 되어야 합니다. 이것을 장자는 물고기가 변하여 새가 된다고 표현했지요. 다시 말하면 의식의 차원 이동을 통해 내 운명을 내가 바꿔 나가야 한다는 겁니다.

위대한 시인 칼릴 지브란 또한, 사람은 결코 육체 안에 갇힌 존재가 아니라 대기 속에서 움직이는 하나의 영혼이라고 말했습니다. 이는 우리 모두 무엇이든 될 수 있는 가능성을 지니고 있다는 의미입니다. 그렇다면 그 무한한 가능성을 발현하여 끝없이 되어 가는 과정을 밟아 가는 것이 진정 사람으로 사는 길이 아닐까요.

이를 좀 더 구체적으로 풀이하면 이렇습니다. 우리는 모두 여기나없이있음의 절대세계에서 이곳나되어감의 상대세계로 나타났어요. 무엇으로 나타났느냐 하면, 사람입니다. 그러니 사람 되어 사람으로 살아야지요. 그러려면 과학과 철학과 종교와 예술의 세계에 눈을 떠, 내 안의 오성과 이성과 영성과 감성을 고루 발전시켜야 합니다. 내 안팎의 네 영역이 만나고 섞이면서 화학 작용을 일으킬 때 비로소 사람(四覽)이 될 수 있으니까요.

그 무엇에도 갇히지 않고 자유자재로 형태와 색깔을 바꿔 가면서 삶의 모든 영역을 즐기다 가는 것. 이것이 진정한 소요유의 비결이 아니고 무엇이겠습니까? "이를 위해 무엇을 해야 하는가?" 하고 묻는 사람들이 있습니다. 저의 대답은 지금 내가 할 수 있는 일, 진정 원하는 일부터 하라는 겁니다. 아침에 눈 뜨면 보이는 모든 것에게 고맙습니다, 하고 인사부터 하세요. 주변 이들에게 더 자주 웃고 친절하세요. 또한 일상을 아름답게 가꾸기 위해 작은 규칙들을 정해 그대로 실천합니다. 일어날 때 일어나고 잠들 때 잠드는 법을, 내가 사용하는 공간을 청결하게 유지하고 정리, 정돈하는 법을 연습하는 겁니다. 도를 들으면 즉시 행하는 것이 고수라 했어요. 반면 하수들은 도를 비웃고 의심하고 무시하지요. 고수로 살면 언젠가, 아니 머지않아 결정적인 바람이 찾아옵니다. 그때 주저하지 말고 올라타세요. 그 바람이 나를 하늘 연못에 데려다 줄 것입니다. 종국엔 바람까지 버리고 완전히 자유로운 영혼이 되어, 그 못과 하나로 어울려 인생 최고의 소풍을 즐기게 될 것입니다.

오늘은 이것으로 마칩니다. 고맙습니다.

2강 소요유2 - 다름에 대하여

매미와 붕새는 누가 더 잘났는가

차이를 통해 배우고
차별을 넘어 통합하고

감히 말하지 말라.
"나는 진리를 발견했다"고.
"겨우 진실의 끝자락을 발견했다"고 말하라.
감히 말하지 말라.
"나는 영혼의 길을 발견했다"고.
"나는 내 길을 걸어가는 한 영혼을 만났다"고 말하라.

칼릴 지브란의 《예언자》 중에서

궁극의 차원에서 환상과 실재는 하나

지난 시간에 인생 제1의 규칙에 대해 이야기하며 《장자》 강의를 열었습니다. 그것은 바로 '상대해야 한다'는 것입니다. 부모가 아이들에게 어릴 때부터 크고 작은 혹은 보이거나 보이지 않는 규칙들을 가르치는 이유도 이 세상을 잘 상대하는 법, 다른 말로 하면 관계를 잘 맺는 법을 알려 주기 위해서죠. 우리는 전부 오줌 가리는 법부터 시작해서 어떤 때 큰 소리로 얘기하고 어떤 때 작은 소리로 얘기해야 하는지, 어른에게 인사는 어떻게 해야 하는지 등등의 질서를 배워 왔잖아요. 어릴 때 이런 기초적인 규칙을 못 배운 사람은 나중에 커서 사회생활을 할 때 어려움을 겪습니다.

그런데 단지 보이는 이 세상의 규칙만 터득한다고 해서 삶을 진정 풍요롭고 아름답게 살 수 있는 것은 아닙니다. 이 또한 지난 시간에 그림을 보며 설명했어요. 다시 한번 볼까요?

우리는 보통 A세계만 전부인 줄 알다가, 즉 생각을 사실로 알고 살다가, 공부가 어느 정도 이루어지면 비로소 B세계 근처에 가기 시작합니다. 의식이 수직 이동을 하면서 사실을 사실로 보고 생각은 생각으로 보는 법을 터득하는 것이지요. 사실 차원에서 보면 화가 날 일도, 그렇다고 화가 안 날 일도 없고, 다만 그

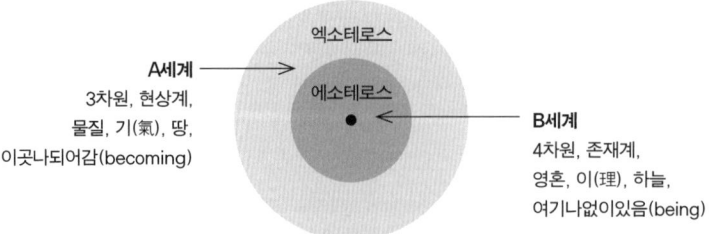

일만 있음을 알게 되는 겁니다. 그러니 이제 뭐만 남아요? 그 일에 대한 나의 생각과 느낌, 태도를 선택하여 표현하는 것만 남지요. 화를 낼 것인지 말 것인지, 낸다면 지금 낼 것인지 며칠 후에 낼 것인지, 30분만 내고 말 건지 아니면 일주일 이상 낼 것인지가 내게 달려 있다는 말입니다. 이렇게 산다면 내가 이 세상을 상대하는 폭이 엄청나게 넓어지고 그만큼 자유롭지 않겠습니까?

다시 말하면 이원성과 대립을 바탕으로 하는 이 세상과 관계를 잘하기 위해서라도 단지 상대세계만 알면 안 된다는 겁니다. 이 상대세계는 현상, 곧 나타난 세계이므로 진짜가 아니에요. 진짜는 오히려 보이지 않고 들리지 않고 만질 수 없는 존재계죠. 존재계는 없이있는 세계이지만, 현상계는 나타났다 사라지는 세계입니다. 부처는 전자를 공(空)으로, 후자를 색(色)으로 정의했지요. 인도의 철학자들은 또한 이 세상을 마야(maya)라고 했습니다. 나타남의 세계는 실재가 아닌 가짜고 환상이라는 의미입니다.

이처럼 먼저 깨달은 현자들은 상대세계 너머에 진짜가 있음을, 그것을 알고 경험하는 것이 삶을 제대로 살게 하는 최고의 법칙임을 우리에게 알려 주었습니다. 그 진짜를 알면 상대세계에서 나타나는 이원성과 분리를 넘어서서 통합의 길로 갈 수 있지요.

예를 들어 어떤 사람이 악을 행합니다. 나를 욕하고 비난하고 뒤에서 음모를 꾸며요. 그럴 때 보통은 어떻게 대응하나요? 그를 미워하거나 피하거나 혹은 같은 악을 그에게 행하지요? 하지만 참된 세계를 보고 이원성의 통합을 추구하는 사람은 그의 말을 잘 듣고, 그의 행동을 잘 보고, 그를 통해 자기 안의 빛을 발견해 상대방에게도 비춰 줍니다. 악 속에서 선을 꽃피우는 것이죠.

이를 물리학에서는 양자역학이라는 이름으로 밝혀냅니다. 양자역학의 핵심은 물질은 고정돼 있지 않다는 것으로, 이는 그야말로 기존의 과학을 뒤집어 놓습니다. 또한 양자역학에 의해 물질을 구성하는 음이온, 양이온 외에 광자가 있음이 드러나요. 광자는 쉽게 말하면 빛입니다. 색(色)이 없어요. 상대세계를 규정하는 옳고 그름, 높고 낮음, 선악과 미추 등의 이원성이 없는 겁니다. 그래서 이 빛은 '하나'라고도 불리지요. 도(道)라고도, 공(空)이라고도 합니다. 정리하면 눈에 보이는 모든 것은 고정된 것이 아니며 그 안에 빛을 품고 있다는 말이에요. 이렇게 해서 불교의 색즉시공 공즉시색(色卽是空 空卽是色)이 과학적으로 입증됩니다.

상대할 때 드러나는 다름

본질적으로는 하나이나 외견상으로는 다 다른 모양과 색깔과 향기로 나타나는 것이 상대세계의 특징입니다. 그래서 우리가 이 세상에서 뭔가를 상대할 때 가장 먼저 느끼는 것이 바로 '차이'예요.

이런 경험 다 있을 겁니다. 혼자 있을 때는 몰랐는데 상대를 만나니 내 키가 작다는 게 확연하게 드러납니다. 또한 현명한 사람 앞에서 나의 어리석음이 발각되지요. 시골 동네에서는 그래도 제일 좋은 차를 타고 다닌다고 자부했는데, 어느 날 서울에 가니 전부 내 차보다 크고 성능도 월등해 보입니다. 지방의 어느 작은 학교에서는 전교 1등이라고 늘 칭찬을 받았는데 대도시 큰 학교로 전학을 가니 반에서 겨우 중상위를 유지하기도 벅찹니다.

이 대목에서 흔히 사람들은 열등감을 느끼고 좌절하지요. 그로부터 고통을 느낍니다. 그래서 장자가 말한 소요유가 잘 안 되는 거예요. 이 세상에 소풍 온 것처럼 신나고 재밌게 살고 싶은데, 차이와 차별을 경험하면서 그게 마음대로 안 된다 이겁니다.

하지만 이 상대세계에는 차이와 차별이 없을 수가 없어요. 생각해 보세요. 전부 같은 키, 같은 체격으로 만들 수는 없잖아요. 또 아무리 학교평준화를 시행한다고 해도 그게 됩니까? 안 돼요. 아이들의 성적은 제각각일 수밖에 없다고요. 어른도 마찬가지지요. 가난한 사람이 있으면 부자도 있고, 잘나가는 사람이 있으면 굴곡진 삶을 사는 이도 있는 겁니다.

다름을 느끼고 차이를 인지하고 또 그 속에서 차별을 경험할 때, 사람은 누구나 고통을 받습니다. 그래서 차이와 차별을 어떻게 극복하는가가 이 삶을 살아가는 데 꼭 필요한 기술이 될 수밖에 없는 겁니다.

남과 다르고 싶고, 같아지고도 싶고

오늘 강의의 주제는 바로 "상대세계에서 통용되는 다름과 어떻게 관계할 것인가?"입니다. 본문 말씀을 같이 읽어 볼까요?

> 매미와 새끼 비둘기가 그것을 보고 비웃으면서 말했다. "우리는 한껏 날아 보아야 겨우 느릅나무나 다목나무에 이를 뿐이고, 때로는 거기에도 못 미쳐 땅에 내려앉고 마는데, 구만 리를 날아 남쪽으로 간다니."
> 가까운 숲으로 놀러 가는 사람은 세 끼 먹을 것만 가지고 가도 돌아올 때까지 배고픈 줄 모르지만, 백 리 길을 가는 사람은 하룻밤 양식을 준비해야 하고, 천 리 길을 가는 사람은 석 달 먹을 양식을 준비해야 한다. 매미나 새끼 비둘기 같은 미물이 어찌 이를 알 수 있겠는가? 조금 아는 것[小知]으로 많이 아는 것[大知]을 헤아릴 수 없고, 짧은 삶[小年]으로 긴 삶[大年]을 헤아릴 수는 없다.

지난 시간에 물고기가 붕새가 되어 날아가는 대목을 보았지요. 위의 대목은 매미와 비둘기가 그 장면을 목격하고 나누는 대화입니다. 요즘 말로 하면, 나는 힘들게 일해 겨우 월급 88만 원받는데 저 사람은 연봉이 몇 억이라는 얘기죠. 그런데 삶의 차이가 단지 경제적인 영역에서만 나타날까요? 아닙니다. 모든 영역에 걸쳐 나타나요. 가까운 숲으로 놀러 가는 사람과 백 리 천 리 길을 가는 사람, 조금 아는 것과 많이 아는 것, 짧은 삶과 긴 삶이 다르듯이 말입니다. 그러므로 이 상대세계에서 차이와 차별은 우리의 일상에 내재화되어 있다고 해도 과언이 아닙니다. 본문 말씀 더 보겠습니다.

송(宋)나라 사람 장보(章甫)는 은나라 사람들이 썼던 모자를 사서 월(越)나라에 팔러 갔다. 그러나 월나라 사람들은 모두 머리를 짧게 깎고 몸에는 문신을 해서 모자가 필요 없었다.

차이와 차별을 주제로 하는데 갑자기 왜 모자 장수 이야기인가 의아해 할 수 있습니다. 그런데 우리가 모자를 쓰는 이유를 잘 생각해 보세요. 비단 모자만이 아니지요. 여러분은 왜 그 옷을 입습니까? 왜 머리를 그런 스타일로 하고 왜 그런 안경을 씁니까? 전부 남보다 튀어 보려고, 남과 내가 다름을 보여 주기 위해서 그런 것 아닌가요?

사람에겐 이처럼 자기가 남과 다르다는 것을 드러내고 또 그걸 남들로부터 확인받고 싶어 하는 마음이 있어요. 모자 장수는 바로 그 점을 노린 것이죠. 그런데 월나라에 가 보니 다 머리가 짧고 몸에는 문신을 했습니다. 그들은 또 그들대로 우리는 다른 나라 사람들과 다르다는 것을 표현하고 있는 거예요.

그렇다고 인간의 마음에 상대와 다르고 싶은 것만 있는 것은 아닙니다. 한편으로는 같아지고 싶어 하지요. 남들 40평 아파트에서 살면 나도 그러고 싶고, 남들이 주식투자 한다고 하면 잘 모르면서도 해 보고 싶고, 무슨 옷이 유행한다고 하면 돈을 들여서라도 그 옷 한번 입고 싶고. 그렇지 않나요? 어느 한 시기를 선도하는 트렌드가 생기는 것은 이 때문이지요. 그런데 또 너무 같아지면 변화가 일기 시작합니다. 같기만 하면 만족스럽지 않으니까 그때 균열이 생기는 겁니다.

차이를 통해 배우고 감동하라

똑같아지고도 싶고 다르고 싶기도 하고. 이것이 우리 인간이 공통으로 지니고 있는 심리입니다. 그런데 3차원인 이 세상에서는 결코 완벽하게 같아질 수 없어요. 이 차원에서는 차이와 차별이 있기 마련입니다. 그래서 사람들은 열등감과 좌절감을 느낍니다. 또한 그런 자신이 싫으니까 남을 비방하고 운명을 탓해요.

이것이 차이에 직면했을 때 택하는 가장 쉬운 방법입니다. 예를 들어 회사를 옮겼는데 전에 다니던 회사와 달라요. 그럼 바로 이 회사 이상하네, 그럽니다. 다른 것을 못 받아들이고 비난하는 태도지요. 혹자는 또 내 운명이 박복하여 이런 회사밖에 다닐 수가 없다고 한탄을 합니다. 정치인들은 자기의 권력을 동원하여 차이를 없애려고도 하지요. 독재자일수록 국민의 생각을 통일시키려 합니다. 그래서 보고 읽고 듣는 것을 규제하는 거예요.

그러면 우리는 어떻게 차이와 차별을 극복하고 자기 몫을 온전히 신나게 누릴 수 있을까요? 다르고도 싶고 같고도 싶은 마음을 어떻게 조절하고 균형을 맞춰 가야 행복하게 살 수 있을까요?

저는 유럽 여행을 할 때 차이를 많이 느낍니다. 그곳에서 배출한 화가들의 그림을 보고 건축가들이 지은 건축물을 볼 때마다 부러움이 샘솟아요. 그곳 음악가들의 음악을 들을 때도 열등감이 생기지요. 그들이 유산으로 쌓아 온 풍부한 문화를 체험하다 보면, 심지어 화가 날 때도 있습니다. 하지만 곧 그 마음을 알아차리고, 차이 앞에서 가질 수 있는 가장 현명한 태도는 감동하고 배우는 것임을 자각하곤 합니다.

장자 역시 오늘 읽은 본문 말씀을 통해 우리에게 이렇게 말해 줍니다. 곤은 곤대로 행복하고, 붕은 붕대로 행복하고, 또 매미와 새끼 비둘기는 그들대로 행복하다고. 조금 아는 것과 많이 아는 것, 긴 삶과 짧은 삶은 그 나름대로 또한 어려움이 있다고. 결론은 각자가 다 다른 만큼 짊어져야 할 몫이 있으니, 차이와 차별에 짓눌리지 말고 자기의 삶을 즐기고 책임지라는 겁니다. 그러다 보면 물고기가 어느 날 새가 되는 기적이 생기기도 하고, 혹여 그런 일이 생기지 않아도 스스로의 삶에 만족할 수 있다는 얘기입니다.

제아무리 높이 나는 독수리라고 해서 참새보다 낫다고 할 수 있을까요? 참새에게는 참새만이 보고 듣고 느낄 수 있는 독자적인 세계가 있지 않을까요? 곤은 곤대로, 붕은 붕대로, 또 매미와 새끼 비둘기는 그들대로 장점과 단점이 있지 않을까요?

높은 곳에 간판을 달려면 사다리를 타고 올라가는 사람도 필요하지만, 아래에서 간판이 똑바로 제자리에 놓이는지 봐 주는 사람도 필요합니다. 누구나 같을 수 없고 차이가 있지만, 그게 누가 더 잘나고 못나고를 가늠하는 기준은 아니라는 거지요.

오히려 그 차이를 통해 서로가 배우고 감동할 수 있다는 얘기입니다. 상대세계에서는 내가 나를 볼 수 없고 상대를 통해서만 내가 비추어지므로, 그를 통해 배울 수밖에 없는 것입니다.

중도, 조율과 화합의 회색지대

상대를 통해 배우고 감동하려면 먼저 다름을 있는 그대로 인정하는 것이 필요합니다. 우리의 왼손과 오른손이 모두 쓸모 있듯이, 세상 만물이 각각 다르게 쓰인다는 걸 인정하자는 말입니다. 그렇게 보면 보수와 진보 중 어느 하나만 필요하다는 주장은 아집이 됩니다. 둘 다 필요하기 때문에 이 땅에 나타난 거예요. 그러니 서로 인정하고 소통하는 것만이 둘 다 살길이지요. 그런데 우리나라는 어때요? 한쪽이 정권을 잡으면, 자기와 다른 것에 대해서는 무조건 통제하는 데 급급해요. 종교는 또 어떤가요? 예수님이 공산당은 싫어한다는 웃지 못할 이야기가 난무하지요. 또 불교와 기독교가, 기독교와 이슬람교가 아주 작은 차이 때문에 화합을 못합니다.

하지만 고래로 성인들은 모두 어느 한쪽으로 기울지 않는 '가운데'를 강조하셨지요. 예수님은 좌로나 우로나 치우치지 않는 십자가의 도를 발견했고, 공자는 중용을 가르쳤습니다. 부처도 중도의 길을 걸었고요.

원래 부처는 엄청나게 극단적인 방법으로 도를 추구했던 사람이에요. 먹지도 자지도 않고, 그야말로 고행을 통해 깨달음을 얻으려 했죠. 그런데 하루는 "시타르(인도의 전통 현악기)를 잘 다루려면 줄이 너무 팽팽하지도, 느슨하지도 않게 해야 한다"는 말을 듣습니다. 부처는 바로 고행을 그만두고 마침내 보리수나무 아래서 대오각성(大悟覺醒)을 이룹니다.

스님들이 보통 회색 옷을 입는 이유도, 그것이 부처가 설한 중도를 가장 잘 드러내기 때문입니다. 검지도 희지도 않은 색깔이 회색이니까요. 그러나 상반되는 이데올로기의 격전지였던, 그래서 중간을 인정하지 않는 역사가 오래 지속되어 온 우리나라에서는 백이면 백이고 흑이면 흑이지, 그 중간은 있을 수 없다고 보는 경향이 팽배합니다. 그래서 일본 편이냐 한국 편이냐, 공산주의자냐 자본주의자냐, 진보냐 보수냐를 묻고 그중 하나를 선택하게 하지요. 이처럼 서로 다른 것들의 조화와 상생을 불가능하게 만드는 태도에 대해 장자는 이렇게 말합니다.

나와 자네가 논쟁을 한다고 해 보세. 자네가 나를 이기고 내가 자네를 이기지 못했다면, 자네가 정말 옳고 나는 그른가? 내가 자네를 이겼다면, 나는 옳고 자네는 정말 그른 것인가? 한쪽이 옳으면 다른 한쪽은 그른 것인가? 아니면 두 쪽이 다 옳거나 두 쪽이 다 그른 경우는 없을까? 자네도 나도 알 수가 없으니, 누구에게 이를 판단하게 하면 좋을까? 자네와 의견이 같은 사람에게 판단하라 하면 이미 자네와 생각이 같으니, 그가 어찌 이를 옳게 판단할 수 있겠는가? 나처럼 생각하는 사람에게 판단하게 한다면 내 생각과 같으니, 그가 어찌 판단할 수가 있겠는가? 자네와 다르고 나와도 다르게 생각하는 사람에게 판단하게 하면 자네나 내 생각과 다르니, 그가 어찌 이를 알 수 있겠는가? 자네와 같고 나와도 같게 생각하는 사람에게 판단하게 해도 이미 생각이 같으니, 그가 어찌 이를 알 수 있겠는가? 이렇게 나나 자네 그리고 다른 사람이 모두 판정할 수 없으니 누구를 더 기다려야 하겠는가?

이는 생각세계에 대한 글입니다. 옳은 것도 없고 그른 것도 없고 단지 생각의 차이만 있을 뿐이라는 거지요. 그러니 그 생각의 다름과 어떻게 관계하는가를 배우는 게 삶을 제대로 살 수 있는 고도의 기술이라는 얘깁니다.

우리는 귀에 걸면 귀걸이, 코에 걸면 코걸이라는 말을 남을 비난할 때 쓰지요? 하지만 남들이 귀에다만 거는 것을 내가 코에 건다고 해서, 또 내가 코에 거는 것을 상대가 귀에 건다고 해서 서로 비난할 필요가 있을까요? 옳고 그름이 고정되어 있지 않고 그저 서로 다를 뿐임을 알면, 이것이야말로 소요유하며 살 수 있는 도를 보여 주는 값진 격언이라 해도 되지 않을까요?

파란색 안경을 쓰면 세상이 파랗게 보이고, 빨간색 안경을 쓰면 세상이 온통 빨갛습니다. 여기서 안경이 바로 생각이에요. 그러니까 우리가 서로 안 맞는다고 싸우는 건 자기가 쓰고 있는 안경 갖고 싸우는 거예요. 그 안경 하나만 벗으면 되는데, 그리고 서로 안경을 바꿔 써 보면 되는데, 그걸 못하고 싸우는 겁니다. 장자도 결국 이 얘기를 하고 있습니다. 이와 관련해서 마지막으로 말씀 하나 더 보겠습니다.

> 사람들은 보통 '옳다, 옳지 않다' '그렇다, 그렇지 않다'고 하네. 그러나 옳다고 하는 것이 정말로 옳다면, 옳은 것이 옳지 않은 것과 다르다는 것은 변론의 여지가 없는 일이지. 그렇다고 하는 것이 정말로 그렇다면, 그런 것이 그렇지 않은 것과 다르다는 것 또한 논쟁할 여지가 없는 것 아닌가. 햇수가 많아져도 세월 가는 것을 잊고, 옳다 그르다 따지는 일을 잊어버리게. 구경(究竟)의 경지로 나아가 거기에 머물도록 하게.

색 안경 하나만 벗어도 달라진다

방금 본 말씀의 핵심은, 이곳 상대세계에만 빠져서 시시비비를 가리는 일은 이제 그만하자는 거지요. 자기가 쓴 안경만 벗어던지면 될 것을 왜 그리 복잡하게 사느냐 이 얘기예요. 생각 너머의 사실, 나아가 모두가 하나로 연결되어 있는 존재계 차원에서 보면, 옳고 그르고 맞고 틀리고 하는 것들이 아무 의미가 없음을 알라는 말입니다.

그래요. 옳고 그름의 구분은 오직 상대세계에서만 통용됩니다. 더군다나 그 구분과 경계조차 내 생각 하나만 바꾸면 쉽게 무너지지요.

이를 잘 보여 주는 황희 정승의 일화가 있습니다. 어느 날 밑에서 일하는 사람 둘이 시시비비를 가리기 위해 황희 정승을 찾아옵니다. 먼저 한 사람이 다른 이의 잘못을 지적하며 불만을 털어놓지요. 그러자 황희 정승이 "음, 자네 말이 옳군그래." 하고 고개를 끄덕입니다. 이것을 본 다른 사람이 잘못은 상대방에게 있다고 주장하자 황희 정승은 다시 고개를 끄덕입니다. "듣고 보니 자네 말도 일리가 있군." 옆에서 이 광경을 처음부터 지켜보던 정승의 부인이 고개를 갸웃거리며, "그렇다면 대체 누가 옳다는 것입니까?" 하고 묻자 황희 정승이 말합니다. "그러고 보니 부인 말도 맞습니다그려."

　대립과 경쟁으로 점철된 상대세계에만 빠져 있으면 이런 유연성을 갖기가 힘듭니다. 오직 그 너머, 일원성의 절대세계를 경험한 사람만이 온갖 시시비비를 초월하여 물 흐르는 대로 살 수 있지요. 옳은 것이라는 아집에 붙잡혀 있는 대신, 자기 생각대로 안 된다고 불평하고 불만을 늘어놓는 대신, 다만 자기가 할 일을 하면서 인생을 소풍처럼 즐기다 갈 수 있는 것입니다. 그러니 여러분, 내가 지금 느끼는 차이, 내가 당하는 차별에 시시비비를 가리는 대신, 의식을 한 단계 높여 그 모든 것을 배움의 과정으로 삼으세요. 그러면 각각의 다름이 지닌 고유한 아름다움에 눈을 뜰 수 있습니다.

　그렇게 살다 간 대표적인 분으로 '테제 공동체(The Taize Community)'의 로제(Roger) 수사를 소개하고 싶습니다. 2차 세계대전을 직접 목도한 후 '인간은 왜 이렇게 서로 죽이고 싸워야 할까, 사람들은 왜 자기 생각과 믿음만을 옳다고 주장하며 상대방을 배척할까' 하고 근본적인 회의를 품은 분입니다. 결국 그는 일체의 갈등과 대립을 종식하기로 마음먹고 빈 성당 하나를 빌려서 패잔병과 길 잃은 사람과 가난한 사람들에게 밥을 주고 병을 고쳐 주기 시작합니다. 그 안에서는 아군과 적군이, 가톨릭과 개신교가 나뉘지 않았어요. 모든 사람이 같은 생명으로 섬김을 받았습니다. 이것이 그 유명한 테제 공동체의 시초입니다.

　이 일이 점차 입소문을 타고 퍼져 나가면서, 로제 수사의 화해와 일치의 이상에 동조하는 이가 점점 많아집니다. 교황 요한 23세도 그중 하나였지요. 마침내 요한23세는 로제를 만나고 그로부터 영향을 받아 개신교도도 구원받을 수 있음을 선포하기에 이릅니다. 이는 종교사에 획을 긋는 중대한 사건이었습니다. 종교 간 차이와 대립과 갈등을 종식시키고 화합과 평화를 이룰 수 있다는 가능성을 보여 주었으니까요.

'하나'를 알고, 또 '다름'을 알라

알고 보면 우리는 모두 하나요, 한 사람 한 사람이 전부 신(神)의 지체입니다. 더군다나 이 세상에 제각각 독특한 재능과 소질을 가지고 왔어요. 그러니 하나를 알고 또 다름을 알면, 갈등과 대립을 초월할 수 있지 않을까요? 시시비비를 가리느라 싸우는 대신, 자신이 갖고 온 소질과 재능을 발견해서 실현하면 그게 최고로 의미 있는 삶이 아니겠습니까?

더는 차이에 상처 입고 차별에 고통받으며 살 이유가 없습니다. 나와 다르다고 남을 부러워하거나, 그렇다고 무시할 필요도 없습니다. 다만 배울 것은 배우고 감동할 것은 감동하며 사는 삶이 최선이지요. 그것이 장자가 강조한 소요유, 즉 이곳 지구별이라는 행성에까지 멀리 소풍 나와 즐길 수 있는 비결이 아닐까 싶습니다.

오늘은 이것으로 마치겠습니다. 고맙습니다.

3강 제물론1 – 참된 욕망에 대하여

어떻게 하늘 퉁소의 소리를 들을 것인가

하늘의 소리에 조응하는 4번가 사람

위대한 자아를 찾아가는 갈망 속에,
그대의 선이 있다.
갈망은 그대 모두의 가슴속에 있는 것.
어떤 이의 갈망은
강한 급류처럼 바다를 향해 달려간다.
언덕의 비밀과 숲의 노래를 싣고서.

―――

칼릴 지브란의 《예언자》 중에서

찾고 구하는 중심엔 삶이 있다

어느 날 시(詩) 한 구절을 읽습니다. '우리가 어느 별에서 만났기에 이토록 그리워하는가.' 무엇을 얼마나 그리워하는가가 결국 그 사람의 삶을 결정하지요. 그리움의 대상과 간절함의 정도에 따라 삶의 향기와 깊이, 수준이 정해진다는 말입니다.

물론 모든 사람이 보편적으로 그리워하는 것도 있을 겁니다. 어느 책에서는 그것이 다름 아닌 '글'이라고 하더군요. 이를 제 식으로 해석하면 이렇습니다. 사람에게 최고의 그리움이 있다면 '나'가 되는 것이에요. 진짜 나, 최고의 나를 향한 그리움이지요. 그래서 나보다 앞서 그렇게 살다 간 분들의 글을 찾아 읽는 게 아닐까요? 고전과 경전이 수백, 수천 년의 시간을 초월하여 세계 사람들에게 사랑받는 이유는 아마도 인류의 보편적인 그리움을 가장 잘 해소해 주는 책이기 때문일 것입니다.

경전을 만난 것은 제게도 생애 가장 큰 축복이지요. 〈창세기〉와 〈요한복음〉을 만나고, 《반야심경》과 《천부경》을 만나고, 이렇게 《장자》도 만나서 지금의 시선으로 삶을 바라보고 해석하며 살게 되었으니까요. 그런데 '글'을 만난 게 전부는 아닙니다. 글과 맞먹는 또 하나의 축복이 있어요. '집단'을 만났다는 것입니다.

1987년 1월의 일입니다. '성장상담연구소'에서 개최한 인간

관계 훈련 프로그램에 참여했던 기억이 지금도 생생합니다. 그 전에도 이런저런 수련에 참가하며 많은 그룹을 만났지만, 집단을 경험한다는 것이 무엇인지 알게 된 것은 그날이 처음이었어요. 그때까지만 해도 하나님이 내 가슴에 있다고 여겼는데, 그날에야 비로소 내가 하나님 가슴속에 있음을 깨달았다고나 할까요. 다시 말하면 그날 만난 이들이 내게는 전부 하나님이었고, 그들의 이야기가 모두 하나님의 말씀이었던 겁니다.

내가 경전과 집단을 만나지 못했다면 어땠을까 자문해 봅니다. 만약 경전만 만났다면 삶을 전하는 대신 앵무새처럼 교리만 전하지 않았을까요? 반면 경전은 못 만나고 집단만 만났다면, 진정한 도(道)는 결여된 상태에서 술(術)만 갖고 살진 않았을까요? 그러고 보면 경전을 통해 도를 구하고 집단을 통해 술을 배움으로써, 제 삶의 온전성이 회복될 수 있었던 게 아닌가 싶습니다.

우리가 무엇을 구하고 찾고 배우든지, 그 중심엔 삶이 있습니다. 집단을 안내하다 보면 어느 순간 사람들이 급격히 변화하는 게 보이는데, 그때 그들이 하는 고백 중 제 가슴을 가장 뛰게 하는 것이 "이제 삶이 무언지 좀 알 것 같다"는 말입니다. 수련하러 오기 전에는 삶을 산 게 아니었다는 거지요. 남들 보기엔 집안에 큰 문제가 없고 번듯한 직장에 다니며 돈을 벌어도, 가슴으로 사람을 만나고 온몸으로 삶을 살지는 못했다는 겁니다. 그런 이들이 수련을 통해 사람이 뭐고 삶이 뭔지, 또 사랑한다는 게 뭐고 관계한다는 게 뭔지 알아 간다니 어찌 기쁘지 않겠습니까?

소유하고 있는가, 관계하고 있는가

사실 이 삶이라는 낱말은 누구에게나 친근하지만, 한편으로는 이해하고 경험하기 가장 어려운 말이기도 합니다. 사람들은 흔히 그저 밥 먹고 잠자고 일하고 쉬는 것을 삶이라고 생각해요. 남들 다 하듯 초·중·고교 나와서 대학 가고 직장 얻은 다음 결혼하는 것을 삶으로 압니다. 결혼한 이후엔 또 어떻습니까? 죽어라 돈 벌어 아파트 평수 늘려 가는 것을 삶으로 알지요. 그런데 말입니다. 열심히 노력하며 힘겹게 살아가는데도 정작 삶으로부터 소외되어 가고 있다는 느낌을 받지 않나요?

그 이유는 삶을 제대로 만나고 있지 못하기 때문입니다. 삶은 한마디로 정의하면 관계예요. 그런데 많은 이가 삶을 소유로 볼 뿐 관계하려 하지 않습니다. 여기서 소유란 단지 물질적인 것에 대한 집착만 의미하지는 않습니다. 오히려 감정적인 고착이 더 큰 문제가 되는 경우가 많지요. 어릴 때 경험한 수치심과 두려움을 나이 오십이 넘도록 붙들고 사는 이들이 태반이잖아요. 또 자존심과 분노는 어떻습니까? 그걸 놓으면 무슨 큰일이라도 날 것처럼 가슴속에 꼭꼭 쌓아 두고 살지 않나요?

삶은 관계인데 관계를 못하니 삶이 내게서 점차 멀어지는 겁니다. 그러면 사는 게 재미없고 신이 안 나지요. 아침에 눈을 뜨는 게 귀찮고 저녁에 집으로 돌아오는 발걸음이 무겁습니다. 더는 이루고 싶은 일도, 가슴에 품고 있는 꿈도 없습니다. 하루에도 수많은 사람을 만나지만 그저 지나가는 관계일 뿐, 그 속에서 사랑과 기쁨을 느끼지 못해요. 곰곰이 생각해 보면 내가 또 하루를 맞이하고 있다는 것이 기적이고, 나의 두 팔과 두 다리가 움직인다는 것이 엄청난 축복인데 그걸 느낄 수가 없는 겁니다.

그렇다면 어떻게 해야 삶을 제대로 만나 관계할 수 있을까요? 첫째 관문은 생각세계에서 사실세계로 깨어나는 것입니다. 사실에 눈이 뜨이지 못한 상태에서 생각을 사실인 줄 착각하면, 결국 자기 관념과 신념 체계에 갇힙니다. 그 일을 그 일로 보지 못하고 화낼 일, 기쁜 일, 싫은 일, 짜증 나는 일, 행복한 일로 보게 되는 거지요. 이처럼 생각의 토대 위에서 사는 사람은 자기의 신념 체계는 그대로 두고, 자기가 어쩔 수 없는 사실을 바꾸려 듭니다. 그리하여 거짓의 삶, 주객전도의 삶을 살게 됩니다.

이런 삶에 익숙한 사람들은 하나님도, 우주도, 정의와 평화와 자유도 자기 생각 속에 들어올 때만이 진짜라고 인정하고 받아들여요. 수련하러 오는 목사님들을 보면 그게 확연히 드러납니다. 본인은 하나님을 믿고 있다고 생각하지만, 잘 살펴보면 본인의 생각 속에 있는 하나님을 믿고 있어요. 그러니 하나님, 예수님은 공산당을 싫어한다는, 웃지 못할 말이 나오는 것 아니겠어요? 또 정치인이나 사회운동 하는 사람들은 자기가 옳다고 생각하는 것만 정의라고 여기는 함정에 쉽게 빠지곤 합니다. 하지만 그 정의는 본인의 생각 속에 구축된 정의일 뿐이기에 상당히 편협해질 수 있습니다.

삶은 내 생각 안에 들어올 수 없다

여러분, 삶은 이론이 아닙니다. 생각으로 규정할 수 있는 것은 더더욱 아니지요. 왜냐고요? 삶이 생각보다 훨씬 크기 때문이에요. 칠판 위에 사랑이라고, 자유라고, 하나님이라고 쓴다고 해서 그것이 곧 사랑이고 자유고 하나님인 것은 아니듯, 삶도 그렇습니다. 내 언어와 생각으로 정의될 수 있는 것은 아니라고요. 아니, 그 둘과 실제 삶은 아무 상관이 없다고 해야 더 정확할 것입니다.

예를 들어 많은 사람이 장미에 대해 아주 잘 안다고 생각합니다. 하지만 꽃이 붉다, 가지에 가시가 있다 등등 장미에 대한 이러저러한 지식을 나열한다고 해서 진정 장미를 안다고 할 수 있을까요? 오히려 입력된 사전 정보에 의해 장미를 보기 때문에 진짜 장미를 못 만나고 있는 건 아닐까요?

마찬가지로 많은 이가 자신은 삶을 '살고' 있다고 말합니다만, 가만 보면 삶에 대해 안다고 생각할 뿐인 경우가 많습니다. 일례로 매일 얼굴 보고 같이 밥 먹고 같이 잠자리에 드는 남편 혹은 아내조차도 제대로 만나지 못하는 사람이 허다합니다. 내 남편은, 아내는 이러이러한 사람이라는 자기 생각에 갇혀 진짜 남편, 아내를 경험하지 못하는 거지요. 회사 일도 그래요. 회사

일은 힘들고 짜증 나고 스트레스를 주는 것이라는 생각에 빠져, 그 일을 즐기지 못합니다. 이처럼 나와 가장 밀접한 사람, 내 시간의 가장 많은 부분을 차지하는 일과도 진짜 관계를 맺지 못하면서, 어떻게 삶을 살고 있다고 말할 수 있습니까?

내 생각을 통해 보고, 내 생각으로 정의하고, 내 생각으로만 관계 맺는 것에서 벗어나려면 직관의 힘을 키워야 합니다. 과거에 입력된 정보와 기억에 의해 형성되는 생각은, 시제로 치면 과거형이죠. 반면 생각 없이 직접 사물에 가 닿는 직관은 현재형입니다. 다시 말해 전이와 투사를 일으키지 않고, 지금 그것을 있는 그대로 보는 것이 직관이라 하겠습니다.

그런데 이 직관은 생각보다는 정서적인 느낌과 더 밀접하게 연관돼 있습니다. 여기서 말하는 느낌은 생각에 의해 따라 나오는 '생각느낌'이 아닌, 생각 이전의 '영혼느낌'이지요. 이를 다른 말로 하면, 지금 바로 이 순간의 느낌이라 해서 '시방느낌'이라고도 합니다.

우리가 사는 현실 세계에서는 기존에 입력된 정보와 이를

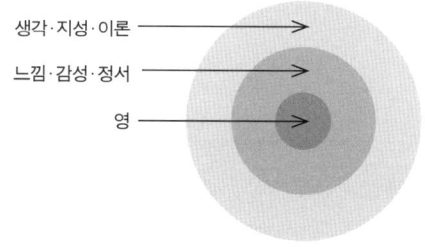

통해 구축된 생각으로 모든 것을 보고 듣고 경험하기 때문에 이 영혼느낌이 발달하기가 쉽지 않아요. 비 오는 날에 대한 안 좋은 기억 때문에 비가 오면 우울하다는 생각을 반복적으로 한 사람의 경우, 나중에는 아무런 일이 없어도 비만 오면 자동적으로 우울해지는 식입니다. 여기서 우울하다는 느낌은 비가 오면 우울하다는 생각에 딸려서 나온 생각느낌이지요. 대부분의 사람이 이런 패턴 속에서 살아갑니다. 따라서 나의 죽은 영혼느낌을 되살리려면 부단한 훈련이 필요합니다.

지금 여기에서 영혼의 첫소리 듣기

영혼느낌을 민감하게 만들기 위해 감각을 일깨우는 쉬운 방법 중 하나로, 매일 대하는 밥상에 차려진 음식의 색깔, 모양, 냄새를 알아차리고 그것들의 어울림을 충분히 느껴 보는 훈련이 있습니다.

많은 이에게 이는 매우 낯선 훈련입니다. 보통은 밥을 먹으면서도 그다음 할 일을 생각하는 게 습관이 돼 버렸으니까요. 이런 상황에서 식사란 단지 고픈 배를 채우기 위한 것일 뿐 다른 의미는 없습니다. 따라서 음식의 색깔과 모양과 냄새는커녕 맛조차도 음미하지 못하는 경우가 많습니다.

반면 음식 하나하나에 오감을 활짝 열면, 세상에 이처럼 많은 색, 모양, 냄새가 내게로 들어와 나를 이루는 것을 알게 됩니다. 또한 각각의 음식이 밥상에 올라오기까지 수고한 많은 이에게 감사하게 되고, 재료를 기르고 운송하고 조리하는 모든 과정이 연결되어 있다는 사실에 경의를 표하게 됩니다.

청소와 설거지 같은, 우리가 흔히 허드렛일이라 여기는 것들은 또 어떤가요? 저는 청소와 설거지를 '사람 되기'라 해서 중요한 생활수련으로 다룹니다. 이 수련에서 가장 중요한 것은 잘 듣고 하고, 잘 보고 하고, 또 소리 내어 알리며 해 나가는 것입니다. 빗자루가 방바닥을 만나서 내는 소리, 컵이 물을 만나고 수저가 접시를 만나서 내는 소리를 듣습니다. 수챗구멍으로 물이 빠져나가는 소리도 듣고, 쓰레받기에 담긴 먼지와 머리카락도 잘 봅니다. 한 번도 알아차려 본 적이 없는 것들에 비로소 눈을 주고 귀를 열면서, 그때 우리는 깨닫습니다. 지금껏 청소와 설거지를 귀찮고 짜증 나는 일이라고 여긴 것은 나의 생각에 불과했음을 말이지요.

이렇게 하나씩 감성을 깨우다 보면 영혼의 첫소리인 시방느낌을 알아차리는 일이 훨씬 쉬워집니다. 생각 없이 직관으로 대상의 본질을 꿰뚫는 힘도 커집니다. 그리고 이 힘이 쌓여야 비로소 모든 것을 처음 보듯 보는 눈이 열리고, 처음 듣듯이 듣는 귀가 열리지요. 지금 여기의 현재 자리에서, 나 자신과 세상을 만나고 관계하게 된다는 말입니다.

딱지를 떼고 보면 나는 나일 뿐

생각을 넘어서 자신을 있는 그대로 볼 때 참나를 발견하는 길이 열리기 시작합니다. 그동안 자신에게 나는 기독교인, 한국인, 세 아이의 엄마, 서울대 출신, 에니어그램 3번 등등의 딱지를 붙이고 그것과 자신을 동일시하며 살았다면, 이제 '나는 나임(I am That I am)'을 어렴풋이나마 알게 된다고 할까요? 이 '나는 나임'을 알아차리고 나서야 비로소 우리는 나의 본질이 영(靈)이고 무(無)이고 공(空)이며 셀프(Self)임을 경험합니다. '나는 누구인가, 그 나는 지금 어디 있는가'라는 물음을 통해 과거도 미래도 아닌 지금, 이곳저곳도 아닌 여기, 즉 시공간을 초월하여 없는 가운데 있는 존재를 만나는 것이죠. 그래서 그 존재를 '여기나없이있음'이라 하는 것입니다. 그게 바로 '참나'입니다.

이 참나를 모르는 사람은 무엇을 해도 충만함이 없습니다. 사는 게 심드렁하고 열정이 없어요. 이런 사람은 물질적인 성공을 거두기도 쉽지 않지만, 설사 남보다 조금 성공했다 한들 왠지 모를 공허함 때문에 괴로워해요. 그래서 자기 속을 채워 줄 뭔가를 끊임없이 갈망합니다. 바닷속에 있으면서도 바다를 찾아 헤매는 어느 눈먼 물고기처럼 말입니다.

그 물고기는 늘 바다 한 번 보고 죽으면 소원이 없겠다고 말했습니다. 그 소원을 이루기 위해 스승을 찾아가 간절히 요청하지요. 스승님, 제발 바다 한 번 만나게 해 주세요. 안타까운 마음에 스승은 너는 이미 바닷속에 있다고 일러 줍니다. 하지만 물고기는 믿지 못합니다. 그러다 하루는 그물에 걸려 햇볕 내리쬐는 선창 위로 내동댕이쳐집니다. 그제야 물고기는 깨닫지요. 자신이 그동안 바다 한가운데 있었다는 것을 말입니다.

참나를 발견하기 위해 이 눈먼 물고기처럼 여러분도 고통의 바닥까지 내려갈 필요는 없습니다. 오히려 아주 쉽고 간단한 방법이 있으니 그걸 선택하면 됩니다. 바로 나를 지배하는 생각을 하나하나 내려놓는 것입니다. 그러면 누구나 자신이 늘 하나님 속에 있음을, 삶과 결코 떨어져 본 적이 없음을 경험하게 될 것입니다.

의식에 조응하는 세 가지 소리

사람은 무엇에 붙잡혀 스스로를 불행으로 내모는가, 사로잡힌 그것으로부터 어떻게 자유로워질 수 있는가, 하는 점을 장자 또한 〈제물론(齊物論)〉 편에서 통찰하고 있습니다. 제물론은 '사물을 고르게 하는 이론'이라는 뜻입니다. 그럼 먼저 오늘 강의에 필요한 본문을 보도록 하겠습니다.

> 성곽 남쪽에 사는 자기라는 사람이 책상에 기대앉은 채 하늘을 쳐다보며 긴 한숨을 내쉬었다. 멍하니 앉아 있는 모습이 마치 자기 몸과 마음을 다 잃어버린 것 같았다. 제자 안성자유(顔成子游)가 물었다. "무슨 일이신지요? 무슨 일이기에 몸이 이렇게 마른나무 같고, 마음 또한 죽은 재(灰) 같아질 수 있습니까? 지금 책상에 기대앉아 계신 분은 이전에 이 책상에 기대앉아 계시던 그분이 아니십니다."
> 자기가 말했다. "잘 보았다. 지금 나는 나를 잃어버렸다. 그런데 네가 그 뜻을 알 수 있겠느냐? 너는 사람들이 부는 통소 소리는 들어 보았겠지만, 땅이 부는 통소 소리는 들어 보지 못했겠지. 설령 땅이 부는 통소 소리는 들어 보았더라도, 하늘이 부는 통소 소리는 들어 보지 못했을 것이다."

자기라는 사람이 책상에 기대앉아 하늘을 쳐다보고 있어요. 책상에만 기대 있는 것도 아니고, 하늘만 바라보고 있는 것도 아닙니다. 둘의 결합이지요. 이 대목에서 책상을 가졌다는 것이 뭘까, 또 하늘을 쳐다본다는 건 무엇을 의미할까, 생각해 봅니다. 그건 아마도 학(學)과 습(習), 즉 이론과 실천이 아닐까 싶습니다.

그런데 자기라는 이가 긴 한숨을 내쉬어요. 멍하니 앉아 있는 모습이 마치 몸과 마음을 다 잃어버린 사람과 같다고 합니다. 여기서 잃어버렸다는 것은 '초월했다'고 보면 되겠지요. 혹은 '없이있는' 경지에 도달했다고 봐도 좋을 테고요.

그런 스승의 모습을 본 제자가 예전의 그분이 아니라고 하자 스승은 이렇게 반문합니다. "네가 과연 나를 잃어버렸다는 뜻을 알 수 있을까?" 이는 3차원 의식으로 사는 사람이 어찌 그 차원을 초월한 이를 알겠느냐는 겁니다. 장자 식으로 표현하면 인뢰, 즉 사람이 부는 퉁소 소리만 듣는 사람은 지뢰와 천뢰, 곧 땅과 하늘이 부는 퉁소 소리를 들을 수 없다는 거예요. 이는 곧 사람은 자기의 의식에 조응하는 소리만을 듣는다는 말입니다.

인뢰란 3차원에서 듣는 소리예요. 그런 사람에겐 화날 소리가 있고 재미있는 소리가 있습니다. 신나는 소리, 징그러운 소리도 있지요. 있는 그대로 듣지 못하고 자기 생각과 느낌에 따른 수식어를 그 앞에 붙여 듣는 겁니다. 이 차원을 넘어서 사실세계, 즉 생각과 사실이 분리된 차원에 눈뜬 사람은 땅이 부는 퉁소 소리를 듣습니다. 내 생각과 느낌의 딱지를 떼고 그것을 그것으로 보고 듣는 단계입니다. 마지막으로 하늘이 부는 퉁소 소리인 천뢰는, 존재계인 4차원에 진입함으로써 참나의 본성을 회복하고 그것을 실현하며 사는 이들만이 들을 수 있습니다. 장자의 표현대로라면 몸과 마음을 다 잃어버린 자에게만 들리는 소리지요.

디자이어를 흔들어 깨우는 천뢰

그렇다면 천뢰란 어떤 소리일까, 궁금하지 않나요? 이를 알려드리기 위해 한 스님의 일화를 전하고자 합니다.

중국 당나라 시대에 깨달음을 얻고자 열심히 정진하던 젊은이가 있었어요. 어느 날 바라던 대로 육조혜능(六祖慧能) 스님의 절에 들어갑니다. 혜능 스님은 첫눈에 그가 장차 큰 깨달음을 얻을 인물임을 알아보고, 제자 남악(南岳)에게 그 청년을 맡깁니다. 남악이 보니 과연 스승님 말씀대로 보통이 아니에요. 그래서 그 청년을 예의 주시하기 시작합니다.

청년은 매일같이 불상 아래에 앉아 명상을 합니다. 몇 시간이고 꼼짝 않고 앉아만 있는 겁니다. 이에 남악이 묻지요. "자네는 왜 그렇게 앉아 있나?" 청년은 '부처가 되기 위해서'라고 대답합니다. 자, 이 대목에서 여러분은 청년이 현재 인뢰를 듣는 수준에 있음을 아셔야 합니다. 부처처럼 앉아 있으면 깨달음을 얻는다고 믿는 것은 사람의 통소 소리를 듣는 거지요. 그러니 남악이 어떻게 해서든 그에게 하늘 소리를 듣게 해 주고 싶지 않았겠습니까? 세상 모든 스승이 하는 일이 바로 그것이니까요.

다음 날, 남악은 청년 옆에 자리를 잡고 앉아 기왓장을 갈기 시작합니다. 청년은 얼마나 시끄럽고 불쾌했겠어요. 그래, 들다 못한 청년이 옆에 가서 묻습니다. "아니, 스님 뭐 하시는 겁니까?" "뭐 하긴. 거울 만들려고 그러지." "참, 스님도. 기왓장을 간다고 거울이 되겠습니까?" 이 말에 남악이 기회를 놓치지 않고 반문합니다. "그렇다면 자네는 앉아 있다고 부처가 되겠나?"

이것이 바로 남악이 청년에게 들려준 하늘의 소리입니다. 그 소리는 계속해서 이렇게 이어집니다. "자네, 이름이 뭔가?" "마조(馬祖)입니다." "마조는 말 아니냐? 그럼 본성이 뛰는 것인데 앉아만 있다고 부처가 되겠느냐? 부처는 부처대로 놔두고 자네는 자네의 길을 가야 그게 진정 부처 되는 길이 아니겠나?" 남악은 이렇게 마조의 가슴에 불을 놓습니다. 남 따라갈 생각 말고 자신의 소질과 재능, 즉 디자이어(Desire)를 발견해서 실현하라는 거지요. 이에 앉아만 있던 마조가 비로소 깨어납니다. 하늘의 소리를 듣고 그토록 바라던 깨달음의 한 조각을 얻은 겁니다.

저는 훗날 위대한 선사가 된 마조의 이 일화를 아주 좋아합니다. 이것이야말로 도 닦는다는 것, 부처가 된다는 것, 천뢰인 하늘의 퉁소 소리를 듣는다는 것이 무엇인지, 그것이 나의 구체적인 삶과 어떻게 연관되는지 상징적으로 보여 주고 있기 때문입니다. 우리는 모두 하늘로부터 디자이어, 곧 소질과 재능을 받아 왔지요. 그러니 내 디자이어를 발견하고 실현하는 것이 하늘이 준 소명을 이행하며 도의 길을 걷는 것 아니겠습니까?

일을 통해 4번가로 간다

세상에서 가장 행복한 사람은 자기가 좋아하는 일을 하는 사람이라고 하지요. 맞습니다. 나를 나로 실현하게 매개해 주는 것이 일이기 때문입니다. 그래서 우리는 자기의 디자이어를 전공 삼아 일로 펼쳐야 하는 겁니다. 그럴 때 내 만족이 극대화되고, 내가 이 세상에 줄 수 있는 몫도 더 커집니다.

그런데 많은 이가 자신의 디자이어와는 무관하게 단지 돈을 벌려고 일을 합니다. 그로 인해 일은 수단으로 전락하고, 그 일을 하는 나 또한 도구가 돼 버리지요. 대신 돈이 목적이 됩니다. 말 그대로 주객전도가 일어나는 겁니다. 이런 상황에서는 일을 열심히 해도 행복하지 않고 성과가 잘 나타나지 않습니다. 또 일을 하면 할수록 지겹고 싫어져요. 그렇다고 일을 그만두지도 못합니다. 오히려 먹고살아야 한다는 값싼 명분을 내세우며 취미생활과 가정생활은 전부 뒷전으로 미루고 회사에만 매달리지요. 이런 악순환 속에서 나와 일, 나와 삶, 일과 삶은 점점 분리되고 서로가 서로를 소외시킵니다.

일이 좋아서 하는 사람에게는 일이 곧 나고 삶이 됩니다. 일을 통해 기쁨을 얻고 일을 통해 생명력을 얻어요. 나와 일과 삶이 하나가 되니 절로 힘이 나고 신이 납니다. 그렇게 해서 지속

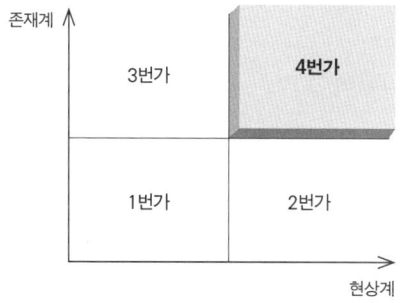

적으로 내면의 디자이어를 실현하며 내가 나 되는 진리의 길을 가는 거지요. 이것이 바로 제가 말하는 4번가 사람입니다.

1번가에 사는 사람은 뭐가 변하고 뭐가 변하지 않는 건지도 몰라요. 한마디로 아무것도 모르는 사람이죠. 2번가 사람은 변하는 것에만 취해서 사는 사람이죠. 본질이 뭔지, 변하지 않는 게 뭔지 모르죠. 세상에 끌려다니며 사는 거죠. 반면에 3번가 사람은 변화는 무시하고, 오로지 변함없는 세계에만 머물러 있죠. 진중한 맛은 있을지 몰라도, 변화를 모르고 세상을 모르는 답답한 사람이죠. 자기 세계에 갇힌 사람이에요. 4번가 사람은 변하지 않는 것과 변하는 것을 조율하면서 유연하게 살죠. 존재계에 발을 딛고 현상계를 즐기는 사람입니다.

4번가 사람이 되기 위해서는 1번가에서부터 시작해야 해요. 2번가와 3번가를 고루 거쳐 4번가로 가지요. 그렇게 해서 삶의 예술가가 되는 겁니다. 1번가부터 3번가까지 다 무시하고 바로 4번가로 가겠다는 사람은 가짜입니다. 다시 말해 천뢰를 들으려면 인뢰와 지뢰를 먼저 들을 수 있는 수준이 되어야 한다는 거예요. 그 과정을 건너뛴다면 역시 가짜가 될 수밖에 없습니다.

그렇다고 1번가부터 4번가까지가 따로 분리되어 있는 것은 아닙니다. 인뢰와 지뢰, 천뢰도 떨어져 있는 것이 아니에요. 마치 홀로그램처럼 각각의 것 속에 나머지가 다 들어 있습니다. 그래서 1번가나 2번가를 통해 어렴풋이 4번가의 가능성을 경험하기도 하고, 3번가의 삶을 살다가 다시 1번가의 필요성을 느끼기도 합니다. 또한 인뢰 속에서 천뢰를 듣고 천뢰를 통해 인뢰를 다시 해석하는 것도 가능하지요. 성(聖)과 속(俗)이 하나라는 말은 그래서 나온 겁니다. 이 세상 속에 하늘이 있고 하늘 속에 세상이 있어요. 몸을 통해 마음을 보고 마음을 통해 몸을 본다고요. 여기나없이있음과 이곳나되어감도 결국은 통합으로 가지요. 그걸 알고 경험하는 것이 최고의 도입니다.

몰입, 진짜가 되는 첫걸음

아름다운 이야기 하나 더 할까요? 향엄(香嚴)이라는 사람이 있습니다. 늘 책상 앞에만 앉아 있어요. 아는 게 아주 많습니다. 스승 위산(潙山)이 보기에는 그게 문제예요. 그래서 어느 날 화두를 던져 줍니다. 부모미생전 본래면목(父母未生前 本來面目). 풀이하면 '부모가 태어나기 전에 너는 어디 있었느냐'는 거지요. 아는 것이 많다고 자부하던 향엄은 처음으로 모르는 것이 나오자 당혹감을 느낍니다. 결국 책을 다 덮고 책상을 치우고는, 옷 두 벌과 발우만 지닌 채 탁발을 떠나요. 며칠은 이 절에 묵다가 노자 받아서 또 다른 절로 옮겨 다니는 생활을 시작한 겁니다. 그 화두를 가슴에 품고 말이지요.

그렇게 몇 년쯤 지났을 때, 향엄은 어느 절에서 마당을 쓸다가 기와 조각이 날려 가 대나무에 부딪히면서 내는 격죽 소리를 듣습니다. 그가 표현하길 "그때 나는 얼어붙었다"고 해요. 생각은 물론, 자나 깨나 품어 온 화두조차 사라졌다는 거지요. 그 순간 그는 아무것도 없는 공의 세계를 체험한 겁니다.

《벽암록》에 실린 이 이야기를 지금 꺼낸 이유는, 여러분도 뭔가를 통해, 어떤 계기를 통해 참된 자기를 발견할 수 있고 진짜 디자이어를 실현할 수 있음을 알려 주기 위해서입니다. 일생에 적어도 한 번은 그런 귀한 기회가 누구에게나 찾아온다는 거지요. 꼭 그런 것은 아니지만 보통은 시련이나 고통을 통해서 오는 경우가 많아요. 죄 가운데 은혜가 많다고, 괴로움의 정도가 심할수록 변화하는 폭도 무한대로 넓어집니다.

물론 기회가 공평하게 주어진다고 해서 누구나 그것을 잡는 것은 아니에요. 시련과 고통을 통해 성장하고 변화하는 이도 있지만, 그렇지 못한 사람도 허다합니다. 기와 조각이 대나무에 부딪히는 소리에 문득 깨어나는 사람이 흔하지 않은 것과 마찬가지죠. 그래서 준비가 필요한 것이고, 저는 그 준비를 다름 아닌 '몰입'으로 봅니다.

향엄이 어느 순간 찾아온 때에 공의 세계를 체험하고 득도할 수 있었던 이유는 하나의 화두에 몇 년을 몰입했기 때문이 아닐까요?

그러니 가정에서나 회사에서도 그렇게 하세요. 지금 내가 할 수 있는 것에 몰입해 보는 겁니다. 혹자는 아침에 일찍 일어나기부터 할 수 있지요. 또 누구는 만나는 사람 모두에게 웃어주는 일부터 할 수 있습니다. 처음엔 무언가를 반복해서 하는 것에 짜증이 나기도 할 겁니다. 자꾸 딴짓을 하거나, 심지어 안 할 핑계를 찾는 자신을 발견하게 될 거예요. 하지만 그 단계를 넘어서면 쉬워집니다. 내면에 몰입할 수 있는 힘이 생기니까요.

할 수 있는 것, 하고 싶은 것에서 시작하라

아래 그림은 일의 어려운 정도와 그것을 처리하는 능력 그리고 몰입도가 서로 어떤 관계에 있는지 잘 보여 주고 있습니다.

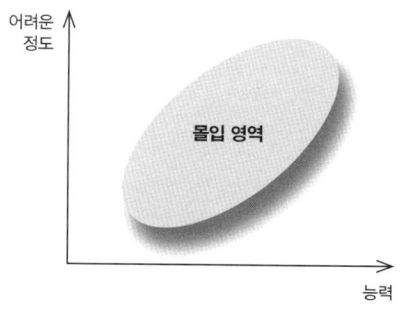

능력을 키워 어려운 것에 도전할수록 어때요? 몰입도가 급격히 상승하지요. 반대로 능력이 떨어지고 일이 쉬울수록 몰입도 역시 떨어집니다. 회사에서 보면 이것이 확연히 드러나요. 말단 평사원의 몰입도와 회사를 이끄는 최고경영자의 몰입도는 엄청나게 다릅니다. 그만큼 그 과정을 통해 얻는 기쁨도, 성장의 정도도 다르지요.

그렇다고 앞뒤 가리지 말고 어려운 것에 도전하라는 말이 아닙니다. 그와는 반대로 일단은 할 수 있는 것에서 몰입을 시작해야 해요. 그런 후에 차근차근 실력을 쌓아 몰입의 대상을 업그레이드해야지요. 디자이어를 발견하고 실현하는 과정도 이와 마찬가지입니다. 인뢰에서 지뢰를 거쳐 천뢰를 듣게 되는 경로도 이와 일치합니다. 이 모든 것의 시작도 모두 같아요. 바로 지금 이 순간 할 수 있는 일부터 하는 겁니다.

이후의 일은 걱정 마십시오. 내 안의 참된 욕망, 디자이어가 여러분을 끌고 갈 테니까요. 몰입을 하면 그것이 저절로 나를 데리고 흘러갈 거라는 얘기입니다. 그렇게 해서 여러분은 4번가 사람, 하늘의 퉁소 소리를 듣는 사람, 디자이어를 꽃피워 스스로는 기쁘게 살고 세상을 아름답게 만드는 사람이 됩니다. 이것이 바로 우리 시대가 요구하는 부처와 예수, 진인(眞人)이 아닐까 싶습니다.

오늘은 여기까지 하겠습니다. 고맙습니다.

4강 제물론2 - 균형에 대하여

조삼모사 원숭이는 무엇을 보지 못했는가

전체를 보라,
본래 하나임을 알라

오직 그때 그대는 알게 되리라.
똑바로 서 있는 자와 넘어진 자가
왜소한 자아의 밤과 신적 자아의 낮 사이,
황혼에 서 있는 같은 사람이라는 것을.
또한 사원의 주춧돌이 바닥에 놓인 가장 낮은 돌보다
더 높지 않다는 것을.

―

칼릴 지브란의 《예언자》 중에서

주고받음에도 원리가 있다

지난 시간에 가장 강조한 말이 삶은 소유가 아닌 관계라는 것이었습니다. 내가 뭔가를 잡았다고 생각하면, 실은 내가 그것에 잡힌 것이 되고 말아요. 돈을 잡았다고 생각하는 순간, 돈에 잡혀 평생을 그것에 휘둘리다가 인생을 끝내지요. 마찬가지로 깨달음을 잡았다고 생각하면, 오히려 깨달음과 점점 멀어지고 엉뚱한 곳에서 귀중한 시간을 허비하게 됩니다.

이렇게 말하면 좀 더 이해가 빠를지도 모르겠습니다. 여러분, 가방 하나씩 다 들고 다니시지요? 그래요. 가방은 드는 것입니다. 혹은 메는 거예요. 옷은요? 입는 거죠. 모자는 쓰고 신발은 신습니다. 그럼 아파트는 어떤가요? 그 안에 들어가 삽니다. 그러고 보니 '갖는 것'은 하나도 없지요. 다만 갖는다는 생각과 관념에 나 자신이 사로잡혀 있을 뿐입니다. 생각과 느낌도 마찬가지예요. 그것들은 그저 일어났다 사라지므로 가질 수 없습니다.

이처럼 유형이든 무형이든, 삶에 나타나는 그 무엇 하나도 가질 수 없어요. 갖게 되어 있지 않습니다. 단지 내가 그것의 쓰임에 맞게 적절하게 '관계'할 뿐입니다. 그래서 삶을 관계라 하는 것입니다.

그렇다면 관계를 한마디로 뭐라 정의할 수 있을까요? 그건 바로 '주고받는' 겁니다. 보이는 물건부터 보이지 않는 말과 생각과 마음까지 그 모든 것을 주고받는 것, 그것이 관계입니다. 그러니 어떻게 잘 주고받을까를 아는 것이 관계를 잘하는 비결이 되겠지요.

강의 첫 시간에 말씀 드렸다시피 모든 것에는 규칙이 있습니다. 잘 주고받는 데도 규칙이 없을 수 없지요. 그 첫째는 다름 아닌 '공감하기'입니다. 공감이 중요한 이유는, 그것이 결여된 상태에서는 주고받음의 관계 자체가 성사될 수 없기 때문입니다. 예를 들어 아내는 늘 마음이 슬프고 우울한데 옆에 있는 남편이 공감해 주지 못하면, 둘 사이에서 무엇을 주고받을 수 있겠습니까? 아내가 밥은 차려 주고 남편이 월급은 가져다주겠죠. 하지만 그것을 과연 진정한 부부 관계라고 말할 수 있을까요?

그런데 여기서 말하는 공감을 잘 이해해야 합니다. 공감이란 상대의 생각과 느낌을 있는 그대로 알아주고 인정하는 것이지, 그것에 동의한다든가 휩쓸려 따라가는 것이 결코 아닙니다. 쉽게 말하면 "아, 네 마음이 지금 이렇구나." "그래. 얼마나 속이 상하고 슬프니?" 하고 다만 알아주는 거라는 얘기지요.

주고받기를 잘하기 위한 두 번째 규칙은 생각과 느낌을 분리하는 것입니다. 느낌은 생각에 따라 나오게 되어 있어요. 선생님에게 인정받았다는 생각이 내 안에서 기쁨을 일으키죠. 또 부모가 나를 보호해 준다는 생각이 안전한 느낌을 갖게 합니다. 그러면 저 사람은 정직하지 못하다는 생각은 어떨까요? 그런 생각은 필경 저 사람이 싫다는 느낌으로 연결될 것입니다.

이처럼 생각과 느낌은 항상 짝을 지어 다니는데, 보통 사람들은 이걸 잘 모릅니다. 그래서 상대는 생각을 이야기하는데 나는 느낌으로 그것을 받고, 나는 느낌을 전달하는데 상대는 생각으로 그것을 받아들이려 하는 거예요.

예를 들어 두 사람이 대통령에 관해 이야기를 나눕니다. 한 사람이 "나는 여당이 내세운 후보가 대통령으로 적합하다고 본다"고 말합니다. 이건 생각이에요. 그런데 평소에 야당을 지지하는 다른 한 사람은 그 순간 상대방이 너무 꼴 보기 싫어집니다. 사람에 따라 그 표현 정도가 다를 수는 있습니다만, 보통 자기 생각과 다르면 일단 짜증이 나고 싫은 마음이 생기고, 심지어는 미워하게도 되지요. 생각을 느낌으로 받아서 그렇습니다. 생각을 생각으로 받는다면 아무 문제가 없어요. 이 경우도 그렇지요. "너는 그렇게 생각하니? 나는 여당 후보보다는 야당 후보가 대통령이 되어야 한다고 생각해" 하면 그만입니다. 안 그렇습니까?

반대로 부부 싸움 하는 것을 가만히 보면, 아내는 자기의 느낌을 알아주길 원하는데 남편은 계속해서 자기 생각만을 늘어놓는 경우를 종종 발견하게 돼요. 아내는 당신이 이러이러해서 내가 지금 슬프고 화가 난다고 얘기하는데, 남편은 뭐 별것도 아닌 일 갖고 그러냐고 반응을 하는 겁니다. 하지만 그건 남편의 생각일 뿐이죠. 이 경우, 느낌을 느낌으로 받는다면 어떨까요? 이 또한 어렵지 않습니다. 그저 "당신에게는 그것이 참 중요한 일이구

나. 그래서 그렇게 슬프고 화가 나는 거지?" 이렇게 말해 주면 됩니다. 자기의 생각을 말하는 건 잠시 뒤로 미루고 말이에요.

생각과 느낌 밖에서 사실을 보라

이제 주고받음을 잘하는 세 번째 규칙을 말할 차례입니다. 앞에서 이야기한 두 가지도 중요하지만, 핵심은 이것, 즉 생각과 느낌이 아닌 사실을 보는 것에 있다고 해도 과언이 아닙니다. 그만큼 중요하다는 얘기죠. 첫 번째와 두 번째 규칙을 통달한 사람도 이 부분에서 막히기가 쉬워요. 의식이 깨어나지 않으면 접근할 수조차 없는 영역이어서 더 어려운 게 사실입니다. 그럼 생각과 느낌이 아닌 사실을 보는 연습을 한번 해 볼까요. 저는 이 연습을 물음을 통해 안내합니다. 아내가 집을 나가서 화가 잔뜩 난 하늘(가명)이라는 사람을 예를 들어 보지요.

>**물음** 아내가 집을 나간 것이 화가 날 일입니까?
>**하늘** 그럼 아내가 집을 나간 게 화가 날 일이 아니면 뭡니까?
>**물음** 아내가 집을 나간 것이 화가 날 일입니까?
>**하늘** 그럼요, 화가 날 일이지요.

이 질문을 수백, 아니 수천 번 반복해 봅니다. 그런 후에, 이렇게 대화합니다.

물음 아내가 집을 나간 것은 사실입니까, 생각입니까?

하늘 사실입니다.

물음 하늘 님, 아내가 집을 나간 것이 화가 날 일입니까?

하늘 화가 날 일이 아닙니다.

물음 그러면 그것은 무슨 일입니까?

하늘 아내가 집을 나간 일입니다.

물음 아내가 집을 나간 것은 화가 안 날 일입니까?

하늘 화가 안 날 일도 아니고, 그냥 아내가 집을 나간 일입니다.

물음 그런데 왜 전에는 화를 내셨나요?

하늘 아내는 집을 나가면 안 된다고 생각했기 때문입니다.

물음 아내가 집을 나가면 안 된다는 그 생각은 사실입니까?

하늘 아닙니다.

물음 그럼 참입니까?

하늘 아닙니다.

물음 그러면 무엇입니까?

하늘 거짓입니다.

물음 그렇다면 과거에 나를 화나게 한 것이 무엇인지 이제 보입니까?

하늘 거짓된 나의 생각이 나를 화나게 했습니다.

물음 아내가 집을 나간 것은 사실입니까, 생각입니까?

하늘 사실입니다.

물음 아내가 집을 나가면 안 된다는 생각은 사실입니까, 생각입니까?

하늘 생각입니다.

물음 사실과 생각 중에 무엇을 바꿀 수 있습니까?

하늘 사실은 바꿀 수 없고 생각을 바꿀 수 있습니다.

세상에는 화낼 일이 참 많죠. 남편이 외도한 것도 화낼 일이고, 아들이 대학 입시에 떨어진 것, 부모가 이혼한 것, 어릴 때 괴롭힘을 당한 일도 전부 화낼 일이죠. 거리에서 누가 내 어깨를 치고 지나간 것과 친구가 약속을 어긴 것도 모두 화낼 일이죠. 하지만 "그것이 화가 날 일입니까?" 하고 수천 번을 묻다 보면, 어느 순간 내 생각과 사실이 분리되는 경험을 합니다. 생각과는 무관하게 '그것이 그것으로' 느껴지는 것이죠. 다른 것들도 마찬가지입니다. 뱀은 징그러운 것, 설거지는 짜증 나는 일, 거짓말은 나쁜 것이라 여겼는데, '징그러운' '짜증 나는' '나쁜'과 같은 형용사들은 떨어져 나가고 오직 '그것'만 남습니다. 뱀은 뱀이라 불리고 설거지는 설거지라 불리는 그것, 거짓말은 거짓말이라 불리는 그것이 되는 거지요.

우리가 이 세상에 와서 만나야 할 것은 바로 '그것'들입니다. 그것들이 사실이며, 사실은 변하지 않아요. 그런데 사실에 내 생각을 덧붙여 징그럽고 짜증 나고 나쁜 것이라 규정하면 그것들을 제대로 만날 수 있겠습니까? 이는 정작 중요한 목적어는 못

본 채 형용사에만 집착하는 격이지요. 그러니 목적어가 되는 그 대상과 제대로 관계할 수가 없는 겁니다. 삶은 내게 무엇이 일어났느냐가 아니라 일어난 일에 대해서 내가 어떻게 관계하느냐가 내가 사는 삶입니다. 무엇이가 아니라 어떻게입니다.

조건화된 자동 반응이라는 덫

사실과 내 생각, 느낌을 분리하지 못하면 색안경을 끼고 세상을 보게 됩니다. 사실을 사실대로 못 보고 생각대로 보는 거지요. 남편은 외도해서는 안 된다, 아내는 집을 나가서는 안 된다, 아들은 대학에 꼭 붙어야 한다는 생각을 사실로 믿고 살아요. 그리고 그게 참인지 거짓인지 점검조차 안 합니다.

그런데 이를 점검하려면 생각 안에 있으면 안 돼요. 집 밖으로 나가야 집이 보이듯, 생각 밖으로 나가야 비로소 그 생각이 보입니다. 물음들은 생각과 느낌 바깥으로 나가게 하는 일종의 장치입니다. 그것을 통해 사실을 분리해서 보게 하는 거예요. 이제껏 자기가 참이라고 믿어 온 자신의 생각이 얼마나 거짓의 토대 위에 있는지를 확인하게 하는 거라고요.

일단 자기의 생각이 사실이 아닌 거짓임을 보면, 그 일이 나를 화나게 한 게 아니라 내가 화를 낸 것임을, 그 일이 나를 힘들게 한 게 아니라 내가 힘들어 한 것임을, 그 사건이 나를 미치게 하고 내 삶을 엉망으로 만든 것이 아니라 그 모든 게 내 책임임을 알게 됩니다. 그리고 지금까지 내가 반응해 온 양태가 매우 조건화되어 있었음을 똑똑히 보게 되지요. 상대가 내게 전화를 안 하는 상황(조건)에 직면하면 안달하거나 짜증을 내고, 직장 상사가 일 처리를 닦달하는 상황(조건)에서는 속으로 화를 내고 욕을 하는 식으로 말입니다. 그러니까 외부의 조건에 따라 정해진 반응들을 보였다는 겁니다. 마치 버튼을 누르면 자동적으로 튀어 오르는 막대처럼요.

이런 조건화된 자동 반응은 과거의 기억, 교육 혹은 내가 경험한 여러 가지 일에 의해 지속적으로 반복되어 학습된 결과입니다. 오랜 기간에 걸쳐 이런 조건에는 이런 반응, 저런 조건에는 저런 반응이라는 식으로 내 무의식에 입력이 된 거지요. 그런데도 깨어나기 전에는 자기의 생각과 느낌과 행동이 무척 자율적이라 착각하고 살아요. 사실은 조건화된 자동 반응에 길들여 끌려다니는 것인데도 말입니다. 그러니 깨어나기 이전의 삶은 눈 뜬 장님과 같다고 해도 과언이 아닙니다.

반면 깨어나면 화날 일과 화 안 날 일이, 힘든 일과 힘들지 않은 일이, 나쁜 사람과 좋은 사람이 없어지지요. 그런 관념이 사라져요. 대신 그 사람, 그 일, 그것 자체만 남습니다. 그러니 내가 할 일은 그 대상들과 어떻게 잘 관계할 것인가, 다른 말로 하면 내가 그것에 대해 어떤 생각과 느낌과 행동을 선택하여 나를 성장시킬 것인가를 결정하는 일입니다. 조건화된 자동 반응에 대비하여 이를 '선택 응답'이라고 하지요. 이를 명료하게 정리해 놓은 글 한 편—In The Space(공간 속에)—을 볼까요?

Between stimulus and response, there is a space.

(자극과 응답 사이에 공간이 있다)

In that space, lies our freedom and power to choose our response.

(그 공간 안에 우리의 응답을 선택할 수 있는 우리의 힘과 자유가 놓여 있다)

In our response, lies our growth and our happiness.

(우리의 응답 속에 우리의 성장과 행복이 놓여 있다)

자극과 응답 사이에 내가 좋은 방향으로 선택할 자유와 힘이 있다는 말, 참 멋지죠? 그래요. 삶에서 일어나는 크고 작은 일이 전부 자극이고, 그 자극을 통해 우리는 성장하기도 하고 퇴보하기도 합니다. 같은 사건을 경험해도 어떤 이는 비관에 빠지고 절망하면서 삶을 포기하는 반면, 또 다른 이는 그것을 디딤돌 삼아 날아올라요. 그래서 잘 응답하는 능력이 진정한 책임감이라는 거지요. 그리고 그걸 깨닫는 순간부터 사람은 자기 인생을 진심으로 책임지기 시작한다는 겁니다. 여태까지는 책임을 전가하면서 살았어요. 저 사람이 나를 화나게 한다, 그 일이 나를 힘들게 한다면서요. 그런데 이제는 상대를 비난하고 조건을 탓하고 운명을 원망했던 과거에서 벗어나, 그 모든 것이 내 책임임을 인정하고 갈 수 있게 되는 겁니다.

이런 태도야말로 내가 더 좋은 응답을 할 수 있는 능력을 키우는 지름길이지요. 그리고 이럴 때 나와 삶은 비로소 관계를 맺고 주고받게 됩니다. 그렇더라도 무엇이 더 좋은 선택이고 응답인지, 때로는 헷갈릴 거예요. 그때는 먼저 '일단 정지'를 해야 합니다. 판단을 멈추고 침묵하는 겁니다. 그러면 사실과 생각이 분리되는 게 보여요. 사실은 하나여서 바꿀 수 없지만, 생각은 얼마든지 바꿀 수 있습니다. 다만 생각을 어떻게 바꾸는가가 중요한데, 생각을 크게 두 부류로 나누면 긍정과 부정이므로 그중 무조건 긍정을 선택하면 됩니다. 그러면 어떤 상황에서든 늘 가장 좋은 생각으로 응답하는 능력을 키울 수 있을 것입니다.

지력, 심력, 체력을 키워 무한대의 사람으로

이 세상에 와서 어떻게 관계해야 하는지, 그것을 위해 내게 필요한 게 무엇인지 한눈에 볼 수 있는 그림이 아래에 있습니다.

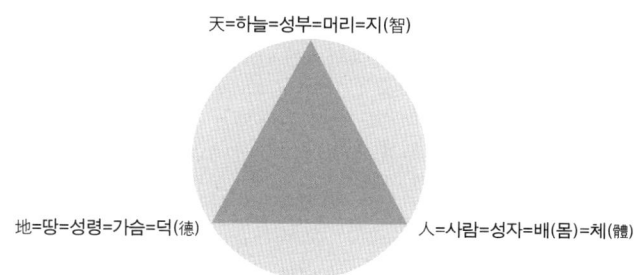

이 세상에 온다는 것은 하늘과 땅과 사람, 바꿔 말하면 시간, 공간, 인간과 관계한다는 것입니다. 《성경》에 예수 탄생을 일컬어 하늘에는 영광, 땅에는 평화, 사람에게는 기쁨이라고 그랬죠? 여기서 예수 탄생이란 우리가 그리스도 의식으로 깨어나 참나의 본성을 되찾는 걸 뜻하지요. 그럴 때 하늘에는 영광이, 땅에는 평화가, 사람에게는 기쁨이 임한다는 겁니다.

하늘과 땅과 인간은 한자로 하면 천지인(天地人)이죠. 기독교 원리로는 성부, 성자, 성령입니다. 이것은 또한 진리와 생명과 사랑을 상징하기도 하지요. 우리 인간의 몸에 빗대어 보면 머리와 배와 가슴이고요. 이 세 꼭짓점을 연결하면 뭐가 됩니까? 원이 돼요. 이게 바로 참나, 즉 셀프(Self)의 진짜 모습입니다. 머리는 진리의 빛으로 충만하고, 배는 생명의 힘으로 가득하고, 가슴은 사랑의 숨으로 채워져 있어요. 이럴 때 삶이 아주 온전한 원이 되죠. 그러니까 이 그림은, 누구나 자기 본성을 회복하면 빛과 생명과 사랑이 조화를 이루는 원만한 삶을 살 수 있음을 보여주고 있는 겁니다.

그런데 본성을 회복하려면 깨어남의 과정이 필요해요. 머리가 빛으로 깨어나고 배가 생명으로 깨어나고 가슴이 사랑으로 깨어나야 합니다. 동양 전통에서는 이를 한마디로 지덕체(智德體)라 합니다. 그리스 철학자 플라톤은 이를 지(知), 정(情), 의(意)라 표현했죠. 말은 조금씩 달라도 의미는 같습니다. 즉, 옛 현자들은 공통적으로 지력(智力)과 심력(心力)과 체력(體力), 이 세 가지 요소를 고루 키울 때 온전한 인간의 모습을 회복하여 원만하게 살 수 있다고 본 겁니다.

무지와 가난과 허약에서 탈출하라

만약 지력, 심력, 체력 이 세 요소 중 어느 하나가 약하면 어떻게 될까요? 또 하나만 비대하고 다른 두 가지는 턱없이 부족하면 어떻게 될까요? 심지어 세 요소가 모두 약하고 부실하다면 또 어떤 모습의 원이 될까요?

아래 그림을 보십시오. 원이 심하게 우그러져 있거나 아주 작지요. 이런 원으로는 제대로 굴러갈 수가 없어요. 설령 굴러가더라도 장애물에 쉽게 걸립니다. 아주 작은 틈만 만나도 거기에 끼여 갇히고, 툭하면 돌멩이 하나에 막혀 더는 나아가질 못합니다. 한마디로 인생길이 험해지는 겁니다.

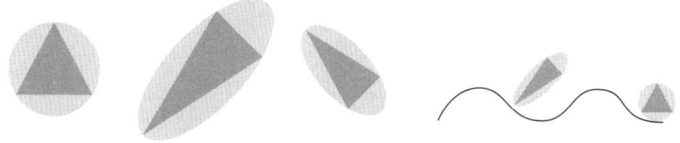

안타깝지만 우리 중 다수가 이런 모습으로 살아가는 건 아닐까 싶습니다. 제아무리 아는 게 많아도 가슴에 사랑이 메말라 있으면, 즉 심력이 부족하면, 그 사람은 참나에 무지한 삶을 살수밖에 없습니다. 또 어떤 이는 사랑은 많은데 지식과 지혜가 부족해요. 지력에 문제가 있는 겁니다. 이런 사람은 평생을 가난하게 삽니다. 지력은 곧 부의 근원이니까요. 마지막으로 체력이 약한 사람은, 아는 게 많고 가슴이 뜨거워도 생명력 있게 움직일 수가 없으므로 허약한 삶을 살게 됩니다.

지력과 심력과 체력, 이 세 가지가 고루 발전하여 조화를 이루지 못하면 무지와 가난과 허약에서 벗어날 수가 없습니다. 그래서 저는 지력과 심력과 체력을 키워 무가탈(무지와 가난과 허약에서 탈출하라!) 하는 것이야말로 진정한 삶의 목표라고 보는 겁니다.

무가탈을 이루면 이 세상에서 어떤 일을 만나도 원만하게 관계할 수 있습니다. 아무리 어렵고 힘든 일을 만나도 넘어서서 제 갈 길을 갈 수 있어요. 더욱이 그 과정을 통해 내가 진정한 셀프로 거듭나고 무한대로 커집니다. 그리하여 마침내는 못 넘어설 일이 없고 못 갈 곳이 없는 사람이 됩니다.

이제 오늘 강의에 해당하는 말씀을 보겠습니다.

원숭이 기르는 사람이 원숭이들에게 도토리를 주면서, '아침에 셋, 저녁에 넷을 주겠다'고 하자, 원숭이가 모두 성을 냈다. '그러면 아침에 넷, 저녁에 셋을 주겠다'고 하자, 원숭이가 모두 기뻐했다. 명목이나 실질에 아무런 차이가 없는데도 원숭이들은 성을 내다가 기뻐했다. 명과 실이 달라지지 않았는데 희로(喜怒)가 작용한 탓이다. 그러므로 성인은 옳고 그름 시비(是非)의 양극을 조화시킨다. 그리고 모든 것을 고르게 하는 '하늘의 고름[天鈞]'에 머문다. 이를 일러 '두 길을 걸음[兩行]'이라고 한다.

사물이 하나임을 알지 못하고. 이 말은 삶도 이 세상도 다 하나라는 거지요. 어떤 차원에서 보면 우리가 모두 하나라는 거예요. 《천부경》도 '일시무시(一始無始)'로 시작합니다. 비롯함이 없는 하나, 원인이 없는 그 하나에서 모든 게 시작되었다는 겁니다. 원인과 결과가 없다는 건 절대세계를 의미하지요. 그러나 그 절대세계가 상대세계로 나타날 땐 다릅니다. 아무리 거리가 멀어 보이는 것들도 원인과 결과로 얽혀 있습니다. 그래서 아마존 강 위를 나는 나비의 날갯짓이 사하라 사막에 모래바람을 일으킨다는 말이 나오는 것 아니겠어요? 그래요. 이 세상은 서로 연결되어 있습니다. 어떤 것도 홀로 있을 수는 없지요. 본래가 하나이기 때문이에요. 절대계의 본성이 이런 식으로 상대계에도 나타나는 것입니다.

문제는 본질적으로 하나임을 모르고 한쪽에만 죽도록 집착하기 때문에 생기지요. 우리의 머리와 배와 가슴은 하나입니다. 그런데 책만 보는 사람이 있어요. 몸을 안 움직이고 다른 이들과 관계를 안 합니다. 아니, 다른 이들과 관계를 안 하는 관계를 하고 있다고 해야 더 정확하겠죠. 그러니 시험 봐서 점수 따는 건 잘해도 다른 부분에서는 너무 취약해요. 실제로 우리나라 회사원들 중 사표를 내는 사람의 절반은 체력이 안 되어서 그만둔다고 하네요. 몸이 일을 못 따라간다는 거지요.

　머리에만 집착하는 사람이 있듯이, 반대로 체력을 키우는 데만 집착하는 사람도 있습니다. 돈에만 집착하는 사람은 또 얼마나 많습니까? 그런가 하면 일주일 내내 교회에만 매달리는 사람이 있고, 반대로 평생 절만 알고 사는 사람도 있지요. 저는 그런 사람들을 보면 제발 다른 데 좀 가 보라고, 다른 분야에도 관심 좀 가져 보라고 해요.

　성인들도 한결같이 중도와 중용, 균형을 강조하잖아요. 몸으로 말하면 고른 영양 섭취가 필요하다는 얘기입니다. 학교 공부로 치면 영어와 수학만 파고들 것이 아니라 국어와 국사와 예체능에도 관심을 가져야 한다는 거예요. 몸도 균형이 깨지면 병이 오는데 삶이라고 다르겠습니까? 고루 관계하고 어떤 것과도 관계할 줄 알아야 그 삶이 건강하게 자라나지 않겠습니까?

조삼모사 조사모삼의 기술

오늘 강의의 핵심은 삶이란 관계고 관계란 주고받음이니, 그 주고받음을 잘할 수 있는 원리와 기술을 익혀야 한다는 것입니다. 장자는 이에 대해 뭐라고 말합니까? 하나임을 알고 어느 한쪽에만 집착하지 말라고 해요. 그러면서 원숭이 치는 사람에 관한 이야기를 합니다. 먹이를 아침에 셋, 저녁에 넷을 주겠다고 했더니 원숭이들이 성을 내더라. 그래서 아침에 넷, 저녁에 셋을 주겠다고 다시 말했더니 원숭이들이 기뻐하더라는 겁니다. 여러분, 어때요? 이 세상 사람들이 살아가는 방식이 꼭 이 원숭이들 같다고 생각되지 않습니까?

이 얘기에서 유래한 고사성어가 조삼모사(朝三暮四), 조사모삼(朝四暮三)이에요. 합하면 일곱으로 결국 같지요. 그런데도 그걸 모르고 당장의 이익에만 눈이 멀어 일희일비(一喜一悲)하는 겁니다. 가만히 보면 원숭이들이 현대 인간과 닮은 데가 참 많아요. 늘 분주하고 시끄럽죠. 마음이 소란해서 그렇습니다. 고요함이 없어요. 침묵할 줄 모릅니다. 라디오에 비유하면 볼륨 조절이 안 된다고 할까요. 한쪽에만 집착하니 채널도 조절이 안 되죠. 한 채널에 고정한 채 볼륨을 크게 틀어 놓고 있는 겁니다. 위의 이야기에 나오는 원숭이나 우리가 그렇게 살고 있다는 거예요.

원숭이 치는 사람을 한번 봅시다. 아침에 셋, 저녁에 넷을 주겠다고 하여 원숭이들이 화를 내니까 어떻게 했나요? 그냥 주는 대로 먹으라며 화를 냈나요? 아니죠. 말을 싹 바꿔서 그럼 아침에 넷, 저녁에 셋을 주겠다고 합니다. 아, 대단하죠. 이것이야말로 싸우지 않고 이기는 겁니다. 가히 삶의 고수 중에 고수라 할 수 있지요.

그렇다면 원숭이 치는 사람이 그처럼 유연한 태도를 보일 수 있었던 이유는 무엇일까요? 그 첫째는 자기 생각이 옳다는 함정에 빠져 있지 않기 때문입니다. 둘째는 전체를 볼 줄 아는 사람이기 때문이에요. 그래서 애초의 조삼모사를 고집하는 대신, 조사모삼을 제안할 수 있었던 겁니다. 조삼모사나 조사모삼이나 합하면 일곱으로 둘은 완전히 같아요. 그걸 원숭이들은 모르지만 원숭이 치는 사람은 아는 거지요. 이게 바로 전체는 못 보고 당장의 이익에만 집착하여 자기 생각을 고집하는 원숭이들과, 전체를 보고 자기 생각을 유연하게 바꿀 줄 아는 사람의 차이입니다.

당장 좋은 게 좋은 거라는 신조로 살아가는 사람의 전형을 우리는 중독자들에게서 볼 수 있습니다. 알코올 중독자는 술 한 잔 더 먹을 수만 있다면 뭐든지 합니다. 도박에 중독된 이는 도박 한 판만 더 벌일 수 있다면 아내고 자식이고 다 잡혀요. 당장의 쾌락이 내 생을 삼키고 가족의 삶까지 전부 파괴한다고 해도 상관하지 않습니다. 실패하는 이들의 특징도 이와 비슷한 면이 있어요. 그들은 우선 끌리는 것을 합니다. 지금 당장 돈 되는 것에 전부를 걸죠. 앞날은 모르고 관심도 없습니다. 다른 말로 하면 전체를 못 보는 거예요. 그러니 평생 지는 싸움을 할 수밖에 없습니다.

전체를 알 때 최선의 길이 보인다

전체를 볼 줄 아는 사람은 내게 오는 자극에 최선의 응답을 하게 돼 있어요. 교통사고를 당해 하반신이 마비되었을 때, 어떤 사람은 자살을 시도하지만 어떤 사람은 재활 분야의 최고 권위자가 됩니다. '슈퍼맨 닥터 리'라 불리는, 어떤 의사의 실제 이야기예요.

가난한 집안에서 태어난 한 남자가 본인이 잘할 수 있는 것을 찾다가 체조선수가 되지요. 14세에 국가대표가 될 만큼 실력이 뛰어났어요. 그런데 어느 날 공중돌기 연습을 하다가 다칩니다. 하반신이 마비돼요. 체조는 고사하고 더는 걸을 수 없다는 판정을 받습니다. 이 정도면 엄청나게 심각한 자극이 온 거죠? 그런데도 그는 온갖 역경을 극복하고 존스 홉킨스 대학 재활의학 분야에서 권위자로 우뚝 섭니다. 자극과 응답 사이에서 벌어지는 놀라운 신비와 기적을, 그는 이렇게 몸소 보여 준 것입니다.

원숭이 치는 사람에게도 자극이 옵니다. 원숭이들이 화를 내는 현실이 그에게는 자극이지요. 누구나 이런 자극들에 직면합니다. 매시간, 아니 매분 경험한다고 해도 과언이 아니에요. 그리고 그에 어떻게 응답하느냐가 내 삶을 결정하지요.

응답을 잘하려면 먼저 사실을 볼 줄 알아야 합니다. 더는 걸을 수 없다는 판정이 내려졌을 때, 여기서 사실은 무엇입니까? 걸을 수 없고 치료가 불가능하다는 것, 이게 바로 사실이에요. 당장 내가 바꿀 수 없다는 점에서 사실은 늘 하나입니다. 반면 그에 따른 생각은 오만 가지나 되지만 그걸 다시 두 부류로 나누면 긍정과 부정, 두 가지입니다. 이 두 생각 앞에서 가장 지혜로운 건 잠시 판단을 멈추고 침묵하면서 내면의 소리에 집중하는 겁니다. 최선의 응답을 선택할 자유와 힘이 내게 있다는 것을 믿고, 그걸 꺼내기 위한 준비를 하는 거라고요. 누군가 내게 화를 내는 자극이 올 때도 마찬가지입니다. 사실과 생각을 분리해 보고, 생각 중에 가장 통합적이고 긍정적인 것을 선택하면 그것이 최선이에요. 그러면 자극에 휘둘리지 않고 내가 원하는 방향으로 응답하며 삶을 움직여 갈 수 있습니다.

원숭이 치는 사람은 전체를, 즉 본질적으로는 하나고 같음을 볼 줄 알았기 때문에 조삼모사를 조사모삼으로 바꿀 수 있었습니다. 자극에 저항하지 않고 가장 현명하게 대처한 거예요. 여기서 전체를 본다는 것은 의식의 수준이 전체를 볼 정도로 높다는 것을 의미합니다. 의식 수준이 높은 차원으로 이동하면 어때요? 생과 사가 하나고 몸과 마음이 하나죠. 또 사장과 사원이 하나입니다. 왕으로 살든 거지로 살든, 남자로 살든 여자로 살든, 이 우주라는 큰 그림으로 보면 결국 같다는 거예요. 조삼모사나 조사모삼이 같은 것처럼 말입니다.

이것을 모를 때 삶은 중심을 잃고 흔들려요. 누가 나를 조금만 칭찬하면 금세 히죽거리고, 반대로 누가 나를 조금만 비난하면 좌절합니다. 잘나갈 땐 거들먹거리고, 상황이 안 좋아지면 금세 풀이 죽어 눈치를 보게 됩니다. 명목이나 실질에 아무런 차이가 없는데도 성을 내다가 기뻐하는 원숭이처럼 말입니다. 반면 하나를 아는 사람, 전체를 보는 사람은 흔들림이 없어요. 이를 평정심이라 그럽니다. 때가 되어 일어났다 사라지는 현상에 들러붙어 집착하는 대신, 그것을 다만 지켜보는 마음이지요.

하늘의 고름에 머물며 두 길을 걷는 사람

평정심이 바로 성인의 마음입니다. 옳고 그름, 즉 시비(是非)에서 벗어나 그것을 초월한 마음이에요. 이는 또한 좌로나 우로나 치우치지 않는 마음이며, 장자가 말하는 하늘의 고름[천균(天鈞)]에 머무는 마음입니다. 그런 마음으로 삶을 관조할 때 중도와 중용이 실현되지요. 그때 비로소 어느 한 극단으로 치우치지 않고 그 두 길을 동시에, 즉 초월해 걷는 양행(兩行)이 가능합니다.

칼릴 지브란은 말했습니다. "누가 나에게 새로운 나라를 건립하여 그 입구에 신상을 세우라 한다면, 자유의 신상이나 정의의 신상이 아닌 아름다움의 신상을 세우겠다"고요. 이는 시시비비에 휘둘리지 않겠다는 의미입니다. 시시비비를 가리는 것은 율법의 세계와 상대적인 세계에나 어울린다는 거예요. 본인은 그 대신 사랑을 택하겠다는 겁니다. 사랑이야말로 일체가 하나임을 알고 부분 대신 전체를 보게 하니까요. 이 위대한 평등관이야말로 도교든 불교든 기독교든, 인류가 낳은 모든 위대한 종교가 진정 말하고자 하는 핵심입니다.

이런 진리를 삶에 구체적으로 적용해 실천할 힘과 자유가 누구에게 있다고요? 그래요. 다름 아닌 나 자신에게 있습니다. 장자의 말을 빌리면 누구나 원숭이 치는 사람, 즉 천균에 머물며 양

행하는 사람이 되어 삶과 자유자재로 관계할 수 있다는 겁니다. 우리가 지금 이 순간 이 자리에 앉아 장자를 만나고 있는 이유도, 바로 그와 같은 본성을 회복하기 위해서가 아닐까 싶습니다.

오늘은 이것으로 마치겠습니다. 고맙습니다.

5강 제물론3 - 밝음에 대하여

빛은
밝기만 한가
어둡기도
한가

빛과 그림자를 동시에
꿰뚫는 지고의 의식

기쁠 때,
마음속 깊은 곳을 들여다보라.
그러면 알게 되리라.
슬픔을 주었던 바로 그것이
지금은 기쁨을 주고 있음을.
슬플 때도 마음속을 다시 들여다보라.
그러면 알게 되리라.
기쁨을 주었던 바로 그것 때문에
지금 그대가 울고 있음을.

―――

칼릴 지브란의 《예언자》 중에서

그림자, 우주가 보내는 가장 큰 선물

오늘은 며칠 전 받은 편지 이야기로 시작하겠습니다. 남편이 다른 여자와 데이트하는 것을 봤다는 딸의 말을 듣고 고민이 된다는 어느 여자분이 보낸 편지였지요. 글자 하나하나에서 편지를 보낸 이의 분노, 당황스러움, 슬픔이 묻어납니다. 위로해 주고 싶은 마음도 없진 않았으나 저는 그러지 않았습니다. 다만 이렇게 써 보냈지요. 당신은 지금 생애에서 가장 큰 숙제를 만난 것 같다고. 남편이 누구와 바람을 피우건 그것은 그의 문제고, 우주는 당신이 그의 허물을 덮을지 아니면 파헤칠지, 그것을 시험하고 있다고. 당신이 어떤 행동을 취하든 그 시험에 합격하여, 부디 당신이 직면한 그림자를 밀어내고 빛을 볼 수 있게 되기를 바란다고 말입니다.

누구나 이런 경우에 처합니다. 생애 한두 번은 큰 어려움을 만나지요. 이때 여러분은 그것 모두가 우주가 던져 주는 그림자임을 알아야 합니다. 우주는 대단히 공평하기에 모든 이에게 그림자를 던져 줍니다. 한 명도 예외는 없어요. 성공한 사람이든 실패한 사람이든, 회사 경영자든 서울역 앞 노숙인이든, 영적으로 성숙했든 그렇지 않든, 각자 저마다의 그림자를 숙명처럼 안고 살아갑니다.

그러므로 내 그림자에 대해 불평할 필요는 없습니다. 어떻게 내 그림자와 잘 관계하여 그 안에 있는 빛을 만날 것인가만 고민하면 돼요. 그것이야말로 우주가 우리에게 그림자를 던져 준 목적이니까요. 다시 말하면 그림자를 통해 우리는 가장 큰 공부를 하고 그 결과로 가장 밝은 빛을 보게 된다는 말입니다.

알고 보면 우리는 모두 이 세상에 배우러 왔습니다. 무엇을 배워야 하느냐고요? 세상이지요. 세상에 왔으니 세상을 배워야 하는 겁니다. 또 세상을 배우는 것은 결국은 세상을 이기기 위한 것이지요. 지는 법을 배우는 것도 이기기 위해서고, 사랑하고 용서하는 법을 배우는 것도 다 이기기 위해서입니다. 그래요. 오직 배우는 사람만 이길 수 있습니다.

그런데 배움 중에서 가장 큰 배움은 바깥에 있지 않아요. 아무리 훌륭한 스승의 가르침을 받고 좋은 책을 읽어도, 그것을 내 것으로 소화하지 않으면 소용이 없습니다. 그만큼 스스로에 대한 내면 탐구와 성찰이 중요해요.

그런 점에서 1670년대에 레벤후크(Leeuwenhoek)라는 사람이 현미경을 발명한 것은, 인류사에 아주 획기적인 사건으로 기록될 만합니다. 현미경을 통해 사물을 240배로 확대할 수 있어 미생물들도 볼 수 있게 되었으니 말입니다. 바깥으로 드러난 것뿐만 아니라 숨겨진 것, 외견상 보이지 않는 것까지 볼 수 있게 되면서, 인간의 내면 탐구라는 주제에도 본격적으로 불이 붙지요. 말하자면 인간의 가슴으로 향하는 길과, 그 길 위에서 만나게 되는 빛과 그림자에 대한 궁금증, 또 이를 알고자 하는 갈망이 치솟기 시작한 것입니다.

인생에도 동지와 하지가 있다

그러면 그림자가 뭘까요? 그것이 무엇이기에 내면 성찰에서 중요한 주제로 떠오르는 것일까요? 그림자는 쉽게 말해 내가 제외시킨 것입니다. 요즘 말로 왕따를 시킨 것이지요. 만나 주지 않고 사랑해 주지 않고, 구석으로 밀쳐놓은 겁니다. 그 이유는 단순해요. 부끄럽고 수치스러워서, 두렵고 겁이 나서예요. 그래서 대면하기 싫은 겁니다.

그런데 그림자가 홀로 존재할 수 있느냐 하면 결코 그렇지 않습니다. 빛이 없는데 그림자가 생기는 거 보셨나요? 빛은 늘 그림자를 동반하고, 그림자 가운데 빛이 있기 마련입니다. 그래서 그림자를 감추면 빛을 만날 수 없고, 빛을 만나지 못하면 깜깜한 어둠 가운데서 살게 됩니다.

만약 우리의 삶을 완벽하게 풀이해 놓은 '사용 설명서'가 있다면 어떨까요. 그래서 이런 빛을 만났을 때는 이렇게 하고, 저런 그림자를 만나면 저렇게 하라는 매뉴얼대로 따라 할 수 있다면 살기가 좀 더 편안해질까요. 그러나 우리 삶은 휴대폰이나 기타 가전제품과는 다르기에 사용 설명서가 없습니다. 보편적인 규칙은 있지만, 모든 이에게 똑같이 적용되는 구체적인 매뉴얼은 없다는 말입니다. 그러니 자기에게 맞는 인생 사용 설명서는 자신이 만들어야 해요. 더군다나 한 번 만들고 끝이 아닙니다. 중학생일 때 아무리 잘 만들었어도, 고등학교만 가도 그게 안 맞아요. 삶이 고정되어 있지 않아서 그렇습니다. 늘 변해요. 극과 극을 오가면서요. 그러므로 인생에 크고 작은 빛과 그림자가 계속 생길 수밖에 없고, 그걸 만나 가면서 스스로 자신의 인생 사용 설명서를 작성하는 능력을 키워 가야 하는 겁니다.

그러면 빛과 그림자가 우리 인생에서 서로 어떤 관계를 맺고 있는지를 시소처럼 표현한 그림을 볼까요? 이 그림에 따르면, 우리 인생에도 동지와 하지가 있고 춘분과 추분이 있습니다. 빛이 가장 밝을 때는 하지고, 반대로 어둠이 가장 짙을 때는 동지예요. 그 중간에 춘분과 추분이 있지요. 그것을 선으로 연결해 보면 시소처럼 오르락내리락해요. 바닥을 치면 올라가고 정상에 닿으면 내려옵니다.

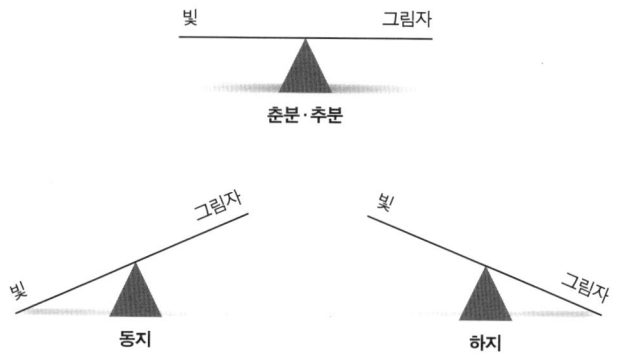

이걸 보면 "섰다 할 때 넘어질까 조심하라"던 옛말이 자연스레 떠오르지요. 가장 큰 선물 속에 나를 밑으로 잡아당기는 뭔가가 있다는 겁니다. 반대로 내가 가장 나락에 떨어졌을 때는 어디선가 천사가 오고 있다고 봐도 되겠죠.

아무리 운이 좋은 사람도 인생에 한 번은 바닥으로 떨어질 때가 있는 법입니다.《성경》에서 요셉이 감옥에 가고, 요나가 물고기 배에 갇혔을 때처럼 말이에요. 지난 시간에 살펴본 원숭이라면, 아마도 그런 때에 화를 내고 불평하면서 신을 원망하겠죠. 그러나 원숭이 치는 사람이라면 다를 겁니다. 그는 전체를 아는 사람이니 빛과 그림자를 동시에 보지 않겠습니까? 빛은 좋은 것이고 그림자는 나쁜 것이라는 이분법을 뛰어넘어, 무엇을 통해서든 배울 방도를 찾지 않겠습니까?

어디나 천국으로 만드는 연금술의 비결

그림자와 빛이 분리되는 것이 아님을 알려 주는 아름다운 이야기가 있습니다. 《잠자는 숲속의 공주》라고, 다 알고 있을 동화입니다.

왕과 왕비 사이에 오래도록 아기가 없다가 마침내 공주가 태어나지요. 큰 잔치를 벌인다 해서 13명의 현자가 왔는데 접시가 12개밖에 없습니다. 그래서 부득이하게 한 명은 참석을 못하고 맙니다. 소외당하고 배척된 거지요. 이게 마음속 어둠, 즉 그림자의 시작입니다. 다른 이는 다 들어갔는데 자기만 쫓겨났으니 그가 얼마나 화가 났겠어요. 복수심에 불타올라 급기야 이런 예언을 하기에 이릅니다. 공주가 물레에 찔리면 공주 자신은 물론 나라 전체가 100년간 잠에 빠져들 거라고요.

만약 왕이 그림자의 속성을 알았더라면 그 현자를 만나 어떻게든 달랬을 겁니다. 그러나 불행히도 왕은 그림자의 속성을 모릅니다. 그래서 가장 쉬운 방법을 택하지요. 바로 적으로 만들어 공격하는 것입니다. 그렇게 해서 그림자를 이길 수 있다고 착각한 거예요. 왕은 나라 전체에 명을 내려 물레를 다 없애 버립니다. 과거 군사독재 시절에 불온문서라는 딱지를 붙여 책들을 없앤 것과 참 비슷하지요? 그런 책을 읽으면 공산주의 세력에 동화

된다는 게 그들의 논리였습니다. 적을 만들어 미움을 조장하고 두려움을 확대하는 정책을 편 거죠. 자본주의와 공산주의는 서로가 상대의 빛이면서 동시에 그림자임을 모르고 말입니다.

하지만 아무리 감추고 숨기고 협박해도 그런 책을 읽는 이들이 꼭 생기듯, 왕이 물레를 다 없애게 했는데도 거짓말처럼 하나가 남아요. 결국 그 물레에 찔려서 공주가 잠듭니다. 이어서 왕국 전체가 깊은 잠에 빠져들고, 시간이 흐르면서 온 나라가 가시덤불로 뒤덮입니다. 가장 어두운 밑바닥까지 내려간 거지요.

그런데 이때 누가 나옵니까? 왕자가 등장해요. 여기서 왕자는 빛의 사자입니다. 어둠의 바닥을 쳤으니 이제 어둠을 흔들어 깨울 빛이 다가오는 것입니다. 그는 빛의 사자답게 공격이 아닌 사랑과 포용으로 공주에게 다가가 키스를 하지요. 그러자 공주를 비롯해 잠들었던 모든 것이 거짓말처럼 깨어나 찬란한 아침을 맞이합니다.

이 이야기는 동화지만 우리 인생과 크게 다르지 않습니다. 누구나 어둠에 갇힐 때가 있잖아요. 그 어둠에 어떻게 대응해야 할지 몰라 좌절할 때가 있고요. 그러니 인생을 소요유, 즉 소풍 가듯이 가볍고 유쾌하게 살려면 어둠과 빛의 속성을 알아야 하는 겁니다. 어둠이 단지 어둠만이 아니고, 빛 또한 그림자를 데리고 온다는 사실을 이해해야 한다고요. 그러면 설사 지옥이 와도 천국으로 만들고, 불행도 행운으로 전환할 수 있습니다. 이는 천국에 그리스도가 있는 게 아니라, 그리스도가 있으면 바로 그곳이 천국이 된다는 의미입니다. 어둠도 빛도 고정되어 있지 않으니, 내가 만들어 갈 수 있다는 것이지요.

'해요카'의 목소리를 들어라

아메리카 원주민 중에는 그림자 만나는 것을 구조적으로 정립해 놓은 부족도 있었습니다. 뭔가를 결정해야 할 사안이 있을 때 부족장들이 모여 회의를 하지 않겠습니까? 그때 한 사람을 지명합니다. 그를 '해요카'라고 하는데, 그의 역할은 다른 사람들이 뭘 하자고 하든지 반대를 하는 겁니다. 이건 이래서 안 되고 저건 저래서 안 된다는 말을 해 주는, 일종의 '그림자 역할'을 담당하는 거지요. 집단에서 이를 도입했다는 것은 굉장히 놀라운 일입니다. 민주주의를 발전시켰다는 현대 사회에서도, 주류에 반하는 세력은 처벌받거나 배척당하기 예사잖아요. 그러니 해요카 제도를 실현한 원주민들의 통찰력과 지혜가 얼마나 놀랍습니까.

집단 안에서는 물론이고 개인 차원에서도 이 해요카 역할을 하는 목소리를 경청하는 것은 대단히 중요합니다. 그들이 하는 말은 다르기 때문이에요. 그러니 더 귀를 기울여야 합니다. 여당이 왜 부패합니까? 야당과 시민사회의 목소리를 안 들어서 그렇지요. 사업하다가 왜 망해요? 자기 귀에 좋은 말만 들어서 그렇습니다. 본인의 생각에 반하는 쓴소리를 안 듣고 안 만나 주니까, 결국 빛을 못 만나 어둠 속으로 떨어지는 거라고요.

자기 안의 그림자를 무시하고 외면하면 외부로 투사를 하게 돼 있습니다. 과거에 기독교가 심했지요. 성직자들이 금욕적인 생활을 하다 보면 성적 욕망에 시달릴 수 있습니다. 그때 자기 안에 그런 욕망이 있음을 인정하고 다독이면 되는데, 거꾸로 그것을 외부로 투사해 여자 탓으로 돌립니다. 그러고는 대대적인 마녀 사냥을 벌여 여자들을 죽이지요. 하지만 그런다고 자기 안의 성적 욕망이 사라지나요? 아니지요. 오히려 왜곡된 형태로 더욱 심해질 뿐입니다.

본래 그림자 속성이 그렇습니다. 자기를 몰아내려 하면 할수록 끈질기게 붙어 있습니다. 죽이려고 할수록 살아남는다고요. 그러니 그림자와 싸우는 건, 힘은 있는 대로 쓰고 지는 게임을 하는 셈입니다. 반대로 그림자를 직접 만나 눈 맞추고 그의 소리를 들으며 맺힌 것을 풀어 주면 이깁니다. 이긴다는 것은 곧 그림자와 함께 있는 빛을 만난다는 의미입니다.

고착된 의식을 떠날 때 빛이 비추니

이번에는 에니어그램 얘기를 좀 해 볼까 합니다. 에니어그램은 우리가 이 세상에 올 때 어떤 빛과 그림자를 가지고 왔는지에 관한 깊은 통찰을 주지요.

1번 유형의 예를 들면 이렇습니다. 그는 완벽주의자죠. 완벽함에 집착합니다. 스스로 완벽에 가까워질 때 가슴이 뛰고 기쁨을 느끼는 반면, 그렇지 못할 때는 불안에 떨고 초조해 합니다. 다시 말하면 1번 유형에게는 완벽이 빛이면서 동시에 그림자인 겁니다. 에니어그램에서는 이를 '고착'이라고 해요. 딱 들러붙어 덩어리가 되었다는 뜻이지요. 그런데 1번이 성장하려면 이 고착된 의식을 넘어서야만 합니다. 스스로 완벽해지려는 성향은 여러 장점으로 드러나지만, 본인의 기대에 미치지 못할 때에는 자신과 남을 비난하고 공격하는 무기로 변하기 때문입니다.

고착된 의식에서 벗어나 자신을 한 단계 업그레이드하려면 일단 자신의 성향을 떠났다가 다시 돌아와야 한다고, 에니어그램은 우리에게 말해 주고 있습니다. 예를 든 1번의 경우, 가슴형인 4번으로 갔다가 머리형인 7번을 거쳐 다시 1번으로 돌아와야 한다는 거지요. 그 과정을 통해 가슴에서 솟는 사랑을 경험하고, 상황에 유연하게 대응하는 지혜를 얻을 수 있다는 것입니다. 한마디로 말하면, 고착된 의식을 떠나 지금까지 외면했던 자기 내면의 가슴과 머리를 만나라는 얘기입니다. 그래야 내 안에 숨어 있던 세 가지 특성이 고루 어우러져 통합적인 인간으로 성장할 수 있다는 거예요.

그러고 보니 에니어그램 또한 나를 떠났다가 나에게로 돌아오는 여행이네요. 참나를 찾고 구하는 여정은 다 이렇습니다. 《성경》에 나오는 타락한 아들에 관한 비유 또한 이를 잘 드러내고 있습니다.

첫째아들은 아버지 품을 떠나 본 적이 없어 아버지를 몰라요. 그러나 아버지 품을 떠나 세상 속에 들어가 허랑방탕한 세월을 보낸 둘째아들은 아버지가 누구인지 깨닫고 다시 돌아옵니다. 우리의 영적 여행도 그와 같지요. 나를 떠나 보지 않고서는 진짜 나를 알 수 없습니다. 그러므로 일단 나를 떠나야 합니다. 기존의 내 생각과 신념과 문화와 조건을 다 놓아 버릴 때라야 제로베이스, 공(空)과 무(無)의 자리에서 새롭게 떠오르는 나를 만날 수 있기 때문입니다.

고착되어 있던 것과 거리를 둘 때, 비로소 우리는 그동안 회피하고 무시하고 방치해 온 그림자를 만날 수 있습니다. 이때 그 그림자를 또다시 못 본 척할 수 있어요. 또 가장 쉽게는 자신의 그림자를 바깥으로 투사해 타인을 비난하고 세상을 원망할 수 있지요. 이 모든 것이 내가 성장할 수 있는 절호의 기회를 놓치는 미련한 행동입니다.

반면 그림자를 우주가 보내 준 천사로 여기고 포용하는 가운데 자신을 더 깊이 성찰하는 사람은, 그림자에 깃든 빛을 볼 수 있습니다. 그 빛이야말로 나를 나 되게 하며, 부분적인 나에서 통합적인 나로 나아가게 합니다.

이원성 너머의 언어로 해석하라

이제 오늘 강의 주제에 맞는 장자 말씀을 보겠습니다. 그림자와 싸워 이기는 가장 좋은 기술에 관한 내용입니다.

> 말을 한다는 것은 그저 숨을 내쉬는 것이 아니다. 말에는 내용이 있지만, 말하려는 바가 뚜렷하지 않다면, 말을 했다고 해야 할까, 하지 않았다고 해야 할까? 말은 새끼 새들이 재잘거리는 소리와 다르다고 하는데 무엇으로 구별을 할 수 있는가?
> 도(道)는 무엇에 가리어 참과 거짓의 분별이 생긴 것일까? 말은 무엇에 가리어 옳고 그름의 차이가 생긴 것일까? 도는 어디로 사라지고 없어진 걸까? 도는 자질구레한 편견에 가리고, 참말은 현란한 말장난에 가리었다. 그리하여 유가와 묵가는 시비를 다투어, 한쪽에서 옳다 하면 다른 쪽에서 그르다 하고, 한쪽에서 그르다 하면 다른 쪽에서 옳다 하는 것이다. 이들이 그르다 하는 것을 옳다 하고, 이들이 옳다 하는 것을 그르다 하려면, 무엇보다도 이들의 옳고 그름을 초월하여 모든 것을 꿰뚫어 볼 수 있는 밝음[明]이 있어야 한다.

말과 글이야말로 인간 최고의 발명품이라 해도 과언이 아닙니다. 말 한마디가 사람을 죽이기도, 살리기도 하지요. 인간이 지닌 가장 강력한 무기인 셈입니다. 그렇다면 그 말로 그림자를 이기는 것도 가능하지 않겠습니까?

우리가 세상에 온 이유 중 하나도 말을 배우기 위해서입니다. 여기서 말이란 한국어, 영어와 같은 게 아니라 하늘나라의 말을 의미해요. 상대세계의 말 너머에 있는 존재계의 말, 이원성의 세계가 아닌 하나의 세계에서 통용되는 말을 배워야 한다는 거지요. 그 언어를 읽고 쓰고 해석할 줄 알아야 그림자를 이기고 빛을 비출 수 있다는 겁니다.

상대세계의 언어로 보면 빛과 그림자는 완전히 정반대입니다. 극과 극이라 할 수 있지요. 하지만 늘 붙어 다니는 특별한 관계이기도 합니다. 예를 들어 헤롯이 없는데 예수가 있을 수 있을까요? 일본 식민지 시대가 아니면 과연 유관순 같은 독립투사가 나올 수 있었을까요? 또 도둑과 강도가 없는 세상에 굳이 경찰이라는 직업이 필요할까요?

이처럼 극과 극은 떨어질 수 없기에, 예수는 우리에게 원수를 사랑하라고 말씀하신 겁니다. 원수를 통해 나의 약점이 드러나고 원수를 통해 내가 소외시킨 것을 만날 수 있으니, 그가 곧 나이기도 하다는 거지요.

자기의 삶을 조금 성찰하는 것만으로도 이 말을 쉽게 이해할 수 있지 않을까 싶습니다. 돌아보면 화나는 일과 부끄러운 사건과 미운 사람들이 나를 크게 성장시키지 않았던가요? 또 그것들로 인해 내 삶이 더 아름다워지지 않았던가요? 그러니 상대세계의 언어로만 그림자를 해석하여 구석으로 내몰고 소외시키고 방치해서는 안 된다는 겁니다.

진짜 말, 나의 말을 하는 사람이 되자

앞에서 인용한 말씀 첫 구절을 다시 봅니다. "말을 한다는 것은 그저 숨을 내쉬는 것이 아니"라고 되어 있지요. 흔히 언어를 '존재를 담는 그릇'에 혹은 '의식이 사는 집'에 비유하는데, 이는 그만큼 언어와 의식이 밀접한 관계에 있다는 뜻입니다. 실제로 그 사람이 어떤 언어를 구사하고 말을 어떻게 하는가를 보면 의식이 드러나지요. 역으로 말을 어떻게 쓰는가에 따라 그 사람의 의식이 진보하기도 하고 퇴보하기도 합니다. 오늘 주제에 빗대면, 그림자와 싸우거나 그림자를 조장하는 말이 있는 반면, 그림자를 포용하여 이기는 말도 있다고 할까요?

거짓말과 불평불만, 남을 흉보고 시기하는 말은 자기 내면의 그림자를 투사하여 바깥을 공격하는 무기로 쓰입니다. 결과적으로 이는 타인에게 고통을 주고 자신 또한 더 깊고 어두운 바닥으로 침몰하게 하지요. 이런 사람들은 자기가 무슨 말을 하는지도 모르면서 지껄이고 돌아다닙니다. 그러니 거기에 휩쓸리면 안 돼요. 그렇다고 그들을 욕하라는 건 아닙니다. 단지 그런 말들에 맞장구치지 말라는 겁니다. 그런 경우는 침묵이 최선임을 명심하세요.

또 어떤 사람들은 하루 종일 무의미한 말들을 달고 살아요.

대화 내용을 가만히 들어 보면 인터넷에서 떠도는 연예인에 관한 가십거리가 90퍼센트를 넘습니다. 가십이란 게 흔히 그렇듯 뭐가 사실이고 생각인지 구별이 안 돼요. 뒤죽박죽 혼재되어 있습니다. 비단 연예인 기사만이 아닙니다. 사람들이 일상적으로 나누는 대화를 들여다봐도 생각과 사실이 예사로 뒤섞여 있습니다.

아는 청년이 심리학을 전공하고 있어요. 그 청년이 대학원 입학 준비를 하면서 친구들에게 그랬답니다. "석사 끝나면 미국 가서 박사 학위 받아 올 거야." 그러자 친구들이 이구동성으로, "영어도 잘 못하는 네가 어떻게 그걸 할 수 있냐?"라고 하더랍니다. 그래, 청년이 대답했대요. "못하니까 가서 배우려고." 그런데도 친구들이 계속 그러자 청년은 이렇게 대답했답니다. "그게 얼마나 어려운지, 그걸 할 수 있는지 없는지는 일단 내가 거기에 다녀와서 말해 줄게"라고요.

이 청년과 친구들의 다른 점은 무엇일까요? 친구들은 어디선가 들은 이야기, 즉 미국에서 심리학 박사 되는 일이 어렵다는 것을 사실로 믿고 있습니다. 본인이 직접 경험해 보지도 않고, 그게 사실인지 아닌지 검증도 안 해 보고 말이지요. 하지만 청년은 다릅니다. 남들의 생각을 절대적인 기준으로 삼지 않습니다. 오히려 생각으로 반대하는 이들에게 내가 직접 경험해 본 후에 사실을 들려주겠다고 합니다.

여러분도 스스로의 언어생활을 잘 관찰하여 내가 혹시 그림자를 조장하고 강화하는 말을 쓰고 있지는 않은지, 무의미한 언어를 잡다하게 늘어놓고 있는 것은 아닌지, 사실에 근거하지 않은 채 내 생각과 느낌만을 상대에게 강요하고 있지는 않은지, 정작 내 얘기는 쏙 빼고 남의 이야기만 남의 말을 써서 신나게 떠들고 있는 것은 아닌지 수시로 점검해야 합니다. 그래서 끊어야 할 것은 분별력 있게 끊고, 그 자리에 진짜 말들을 풀어 놔야 해요. 미안합니다, 고맙습니다, 사랑합니다, 이런 말은 우리가 이 지구에 와서 배워야 할 위대한 말들이지요. 또 내가 삶을 통해 경험한 성장담이 얼마나 많습니까? 그런 이야기를 나의 말로 전할 수 있을 때 삶이 더 풍성해지지 않을까요?

모든 것을 꿰뚫어 보는 밝음

오늘 읽은 장자의 말씀도 다르지 않습니다. 참말이 생각에 가리고, 도가 현란한 말장난에 가리는 게 현실이라는 것이죠. 그리하여 한쪽에서 옳다 하면 다른 쪽에서 그르다 하는 식으로 늘 시시비비가 끊이지 않는데, 정작 무엇이 옳고 그른지 가늠할 수 있으려면 옳고 그름 자체를 초월해야 한다는 겁니다. 초월을 못하면 수평 이동으로 끝나 버려요. 그런데 수평 이동으로는 전체를 볼 수 없지요. 보는 각도에 따라 대상이 달라집니다. 이쪽에서는 빛만 볼 뿐 그림자를 못 볼 수 있고, 저쪽에서는 그림자는 보는 대신 빛은 못 볼 수도 있어요. 그래서 수직 이동이, 즉 장자의 표현대로라면 '모든 것을 꿰뚫어 볼 수 있는 밝음'이 있어야 한다는 겁니다.

말씀 더 보겠습니다.

사물은 모두 '저것'이며, 동시에 '이것' 아닌 것이 없다. 저쪽에서 보면 '이것'이 '저것'이 되는 줄을 모르고, 자기가 자기에 대한 것만 알 뿐이다. 그러기에 '저것'은 '이것'에서 나오고, '이것'은 '저것' 때문에 생긴다. '이것'과 '저것'은 동시에 생겨나는 것이다.

삶이 있기에 죽음이 있고, 죽음이 있기에 삶이 있다. 됨이 있기에 안 됨이 있고, 안 됨이 있기에 됨이 있다. 옳음이 있기에 그름이 있고, 그름이 있기에 옳음이 있다. 그러므로 성인(聖人)은 일방적 방법에 의지하지 않고 전체를 동시에 볼 수 있는 하늘의 빛에 비추어 보는 것이다. 하늘의 빛에 비추어 보면 '이것'은 동시에 '저것'이고, '저것'은 동시에 '이것'이다. 성인의 '저것'에는 옳고 그름이 동시에 있고, '이것'에도 옳고 그름이 동시에 있다. 그러므로 무엇보다 옳고 그름을 넘어서서 모든 것을 꿰뚫어 보는 밝음[明]이 있어야 한다고 한 것이다.

이처럼 장자는 계속해서 상대적 대립 관계를 넘어선 경지에 대해 말하고 있습니다. 그 경지가 바로 도(道)이지요. 그 도는 안도 아니고 밖도 아니에요. 그러면서 동시에 안과 밖이 됩니다. 옳음이면서 동시에 그름이고, 한편으로는 그 무엇도 아닙니다.

수평적 시각으로는 이렇게 보는 게 불가능합니다. 오로지 수직 이동을 해야 볼 수 있어요. 장자는 바로 그 수직 이동을 해서 보는 눈을 꿰뚫어 보는 명(明), 즉 '밝음'이라고 정의하고 있습니다.

이와 관련된 성경 말씀도 하나 보겠습니다. 〈전도서〉 3장입니다.

모든 일에는 다 때가 있다. 세상에서 일어나는 일마다 알맞은 때가 있다. 태어날 때가 있고, 죽을 때가 있다. 심을 때가 있고, 뽑을 때가 있다. 죽일 때가 있고, 살릴 때가 있다. 허물 때가 있고, 세울 때가 있다. 울 때가 있고, 웃을 때가 있다. (중략) 사랑할 때가 있고, 미워할 때가 있다. 전쟁을 치를 때가 있고, 평화를 누릴 때가 있다. 사람이 애쓴다고 해서, 이런 일에 무엇을 더 보탤 수 있겠는가? 이제 보니 이 모든 것은, 하나님이 사람에게 수고하라고 지우신 짐이다. 하나님은 모든 것이 제때에 알맞게 일어나도록 만드셨다. 더욱이, 하나님은 사람들에게 과거와 미래를 생각하는 감각을 주셨다. 그러나 사람은, 하나님이 하신 일을 처음부터 끝까지 다 깨닫지는 못하게 하셨다.

이 말씀에 따르면, 하나님은 모든 것을 때에 따라 알맞게 일어나도록 하시고, 더욱이 사람들에게 과거와 미래에 대해 생각할 수 있는 감각도 주셨습니다. 하지만 모든 사람이 하나님이 하시는 일을 처음부터 끝까지 측량하여 깨달을 수 있는 것은 아니지요. 아니, 그럴 수 없습니다. 왜냐하면 여기서 하나님은, 장자가 말한 '모든 것을 꿰뚫어 보는 밝음'을 의미하기 때문입니다.

이 밝음은 또한 지고의 의식을 상징하지요. 그러므로 우리 중 누구도 모든 것을 꿰뚫는 밝음, 지고의 의식에 다다르기 전에는 뭐가 옳고 그른지 알 수 없습니다. 심지어 그 의식에 다다르면 옳고 그름이 동시에 있기도 하고 없기도 합니다. 즉, 옳고 그름 자체를 넘어서게 되므로 시시비비를 가리는 것이 의미가 없어진다는 말입니다.

이렇게 보면 내 인생에 지금 빛이 찾아온다고 아주 좋아할 것도 없고, 반대로 그림자가 드리운다고 해서 실망할 것도 없지 않을까요? 차원 높은 의식과 밝음 안에서 보면 빛과 그림자란 동시에 있기도 하고 없기도 한 것이니, 빛은 좋은 것이며 그림자는 나쁜 것이라는 세속적인 공식에서 벗어나 빛은 빛대로, 그림자는 그림자대로 만나 주는 것이 최선이 아닐까요?

그래요. 원래 빛은 음과 양, 그 어느 쪽에도 속하지 않습니다. 하지만 그 빛이 이 세상에 비칠 때는 그림자가 생기기 마련입니다. 다시 말하면 빛이 세상에 임하면서 백과 흑이, 옳고 그름이, 아름다움과 추함이 생기게 되는 겁니다. 더욱이 빛이 강할수록 그에 드리운 그림자도 어두워지지요. 윌리엄 블레이크라는 영적인 시인이 색깔을 가리켜 '빛의 상처'라고 한 것은 그 때문이지요. 그는 이미 파악하고 있던 겁니다. 세상 모든 상처는, 즉 그림자는 빛을 드러내기 위한 것이라는 사실을 말입니다.

삶을 비추는 모든 빛에 그림자가 내재해 있고, 삶에 드리운 모든 그림자 역시 찬란한 빛을 품고 있음을 안다면, 제아무리 어두운 그림자가 닥친다 한들 그것을 피하거나 두려워하지 않고 오히려 그것을 깊이 껴안을 수 있을 것입니다. 나아가 모든 것을 꿰뚫는 밝음[明] 안에서 깨어난 말과 생각과 행동을 통해, 그림자 안에 숨겨진 빛이 스스로 어둠을 뚫고 나와 내 삶은 물론이고 이 세상을 환히 비추게 할 수 있을 것입니다.

오늘은 여기까지 합니다. 고맙습니다.

6강 제물론4 - 가능성에 대하여

꿈꾸지 않는 애벌레도 나비가 될 수 있는가

―

다 되어 있는 세계에
접속하고 공명하라

그대들의 눈을 가린 장막은
장막을 짠 손으로 거두어야 하며
그대들의 귀를 막은 흙은
그 흙을 반죽한 손가락으로 뚫어야 한다.
그제야 그대는 볼 수 있게 될 것이다.
그제야 그대는 들을 수 있게 될 것이다.

―

칼릴 지브란의 《예언자》 중에서

삶의 차이는 무엇에 공명하는가의 차이

금과 쇠를 나란히 놓았다가 시간이 지난 후 쇠를 가져다 검사를 합니다. 놀랍게도 쇠 속에서 금의 성분이 발견됩니다. 믿기 힘들 겠지만 과학적으로 검증된 실험 결과예요. 이로써 다른 것들이 함께 있기만 해도 서로 영향을 주고받는다는 사실이 밝혀진 겁니다. 하물며 쇠와 금도 이런데, 뜨거운 피가 흐르는 감정의 동물인 사람은 어떻겠습니까?

영향을 주고받는다는 것은 곧 공명한다는 것입니다. 나의 파장과 상대의 파장이 서로 영향을 주고받으며 하나가 되어 동일한 진동수의 소리를 내게 된다는 것이죠. 그러니 공명의 정도가 커지면 거기서 발현되는 힘도 엄청나지 않을까요.

이게 잘 상상이 안 되는 분은 2002년 당시를 한번 떠올려 보세요. 월드컵 축구가 한창이던 그때, 전국 곳곳에서 응원의 함성이 울려 퍼지지 않았습니까. 똑같은 응원이라 해도 각자 집에서 하는 것과 한 장소에 모여 함께하는 것은 완전히 다릅니다. 에너지가 분산되지 않고 한곳에 응집되니 공명의 힘이 엄청나게 커지지요. 그리고 보면 우리 팀이 4강까지 올라갈 수 있었던 것은, 세계가 놀란 바로 그 공명의 힘 때문이 아니었나 싶습니다.

보고 듣고 만지고 냄새 맡고, 이 모든 것이 우리 인간에게 공명을 불러일으킵니다. 그중에서도 큰 영향을 미치는 게 시각과 청각 정보예요. 그래서 무엇을 보고 무엇을 듣는가가 중요하지요. 그것이 삶의 질을 높이는 가장 기본적인 요소라 해도 과언이 아닙니다.

제가 안내하는 프로그램에서는 첫날 실험을 합니다. 한 사람을 불러내 사랑, 기쁨, 믿음, 우정, 이런 단어를 말하게 하지요. 또 다른 사람에게는 병, 걱정, 우울, 짜증과 같은 단어를 말하게 합니다. 그리고 나서 제가 그 두 사람을 차례로 안아서 들어 올립니다. 긍정적인 단어를 말한 사람의 몸은 무거워 꿈쩍을 안 하고, 반대로 부정적인 단어를 말한 사람의 몸은 새털처럼 가볍게 들립니다. 신기하지요?

이어서 또 다른 실험을 합니다. 먼저 맨 뒤에 앉아 있는 사람에게 묻습니다. "왜 맨 뒤에 앉으셨어요?" 그러면 보통은 "이 자리에 앉고 싶어서요"라고 대답합니다. 그를 불러내어 두 팔을 벌리게 한 후 이렇게 말하게 합니다. "나는 맨 뒤에 앉고 싶다!" 그러고는 제가 뒤에서 그를 들어 올리면 아주 사뿐하게 공중으로 떴다가 내려옵니다. 이번에는 반대로 말하게 하지요. "사실 나는 맨 앞자리에 앉고 싶다!" 그러면 방금 전과는 반대로, 몸이 마치 단단히 땅에 뿌리를 내린 것처럼 묵직해집니다.

이와 같은 간단한 실험만으로도 내가 정말 원하는 것이 무엇인지가 판명되지요. 사실 나는 맨 앞자리에 앉아서 열심히 경청하면서 배우고 싶은 마음을 품고 있습니다. 그런데 내면의 그림자인 부끄러움, 어색함 혹은 알 수 없는 저항감 같은 것이 그것을 가로막습니다. 거짓 나인 에고가 진짜 나인 셀프를 제치고 주인 행세를 한다 이겁니다.

 더는 거짓 나에, 그림자에 끌려다니고 싶지 않으면 그것이 만들어 내는 파장에 민감해야 합니다. 그러면 내가 그에 공명하는 것을 차단할 수 있지요. 대신 내 안에 긍정적인 파장을 일으키는 것들을 선택하여 그에 공명하고 응답하는 법을 반복 훈련하면, 나중엔 저절로 참나가 원하는 쪽으로 말하고 행동하게 됩니다.

첫걸음은 감정의 정화부터

여러분도 알다시피 우리가 지금 생활하는 공간 안에는 라디오파와 텔레비전파가 흐르고 있지만, 우리는 그것을 느낄 수 없어요. 적외선과 자외선도 분명 있지만, 눈으로 볼 수 없습니다. 이는 우리에게 그에 공명할 능력 혹은 도구가 없기 때문입니다. 자기가 정말 원하는 것을 알지 못하는 이유도 마찬가지예요. 자신의 참된 욕망, 즉 디자이어(Desire)에 공명하고 있지 못하기 때문입니다.

그렇다면 우리는 어찌하여 자신이 간절히 원하는 디자이어조차 알지 못하고 공명하지도 못하는 것일까요? 이유는 단순합니다. 생각과 느낌이 디자이어를 가리고 있어서예요. 이건 이래야 하고 저건 저래야 한다는, 이런 것이라야 좋고 그 외에는 전부 나쁘다는 고정된 틀에 갇혀, 아무리 내 영혼이 전파를 쏘아 올려도 그걸 감지하지 못하는 겁니다.

그래서 무엇보다도 나를 가두어 온 견고한 생각의 틀을 부수고 진짜 나를 만나는 것이 중요합니다. 저는 그 첫걸음으로 자기를 힘들게 했거나 지금 힘들게 하고 있는 사건 혹은 사람에 대한 이야기들을 꺼내게 하지요. 그러면 꼭 이렇게 저항하는 이들이 있습니다. 나도 힘들어 죽겠는데 왜 남 힘든 얘기까지 들어야 하느냐고요. 자기의 그림자로 인해 상대방에 공명하지 못한 채 살아왔다는 것을 이런 식으로 드러내는 겁니다. 다행히 이야기를 나누다 보면 서서히 마음의 빗장들이 풀리기 시작합니다. 나의 아픔과 만나고 상대의 아픔에 공감하면서 가슴이 점차 말랑해지지요. 그러면서 자신에 대한 그리고 서로에 대한 공명 현상이 일어나는 것입니다.

하지만 단지 이야기를 나누는 것으로는 한계가 있습니다. 본격적인 치유를 위해 감정의 정화 작업을 시작합니다. 그 특성상 오해의 소지가 있기 때문에 이 작업을 하기 전에 제가 미리 말을 해 둡니다. "여러분, 액체가 기체로 변하려면 540배의 에너지가 필요합니다. 사람이 변하는 데는 그 이상의 힘이 필요하지요. 그러니 안내하는 대로 힘을 다해 따라오세요. 그래야 여러분이 바라는 삶을 살 수 있습니다."

칠정을 건드려야 치유가 일어난다

그러고 나서 처음을 웃음으로 시작합니다. 그냥 실실 웃는 게 아니에요. 단전 깊은 곳에서부터 끌어올려 터뜨리는 겁니다. 그야말로 화산과 같은 웃음이죠. 그런데 신기하게도 웃음 끝에 무엇이 나옵니까? 그래요. 눈물이 납니다. 힘을 다해 웃다 보니 자연스럽게 슬픔을 만나게 되는 거예요.

또 힘을 다해 울다 보면 이제 화가 올라오기 시작합니다. 이때 속에서 회피하고 싶은 마음이 생기죠. 다 지난 일인데, 다 용서했는데, 이제는 정말 괜찮은데, 하는 생각이 가로막는 겁니다. 하지만 이건 거짓 마음이에요. 정말로 다 용서했고 괜찮다면 수련하러 오지도 않았을 겁니다. 그러니 이걸 어떻게든 넘어서 있는 힘을 다해 화를 내야 해요. 그러다 보면 쌓였던 분노가 물처럼 풀어지면서 고요해지는 순간이 찾아옵니다. 나 자신이 아주 맑고 투명해지지요. 이때 비로소 그 사건을 이해하고, 그 사람을 용서하고, 그로 인해 고통받아 온 나를 치유하게 됩니다.

자기의 감정, 특히 숨겨지고 감춰졌던 감정들에 공명해 주는 것이 치유의 시작이자 핵심임을 명심하세요. 우리나라 최고 명의로 알려진 허준도 자신의 책 《동의보감》을 통해 칠정(七情)을 건드리는 것이 치유의 키워드임을 밝혔습니다.

한 여자를 예들 들어 볼까요? 남편 될 사람이 장사한다고 나가서 2년째 돌아오지 않고 있습니다. 여자는 몸져눕지요. 딱히 어디에 병이 난 건 아닌데, 아무것도 먹지 못하고 그저 넋을 놓은 채 앉아 있거나 누워 있기만 합니다. 허준은 이를 남자에 대한 그리움으로 기가 뭉쳤기 때문이라고 해석해요. 약으로만 치료하기는 어렵고, 기뻐해야 뭉친 것이 해소된다고 합니다. 혹은 화를 와장창 내게 해야 한다고도 합니다. 실제로 허준은 그 여자를 치료하기 위해 일부러 감정을 자극해요. 그러자 여자가 크게 성을 내면서 울부짖습니다. 그로부터 6시간이 지난 뒤 약 한 첩을 주었더니 드디어 먹을 것을 찾습니다. 병이 많이 호전된 거죠. 하지만 허준은 기뻐해야 완전히 낫는다고 하면서 남자가 돌아왔다고 거짓말까지 합니다. 그 결과 여자는 완전히 나았고, 이후로는 병이 생기지 않았다고 합니다.

이를 해석해 보면, 여자는 남자에 대한 생각, 곧 그리움으로 비장의 기가 뭉쳐 상사병에 걸린 겁니다. 비장은 생각을 주관하기 때문에, 생각을 너무 많이 하면 비장의 기가 뭉쳐서 음식을 먹지 못하죠. 이럴 때는 성을 내어 간으로부터 목기를 발산시켜 비장의 기를 열어젖혀야 해요. 분노와 통곡을 통해 뭉친 기를 풀어 줘야 하는 겁니다. 목의 기운으로 비위(脾胃)의 토기(吐氣)를 다스리는 것이라 할까요. 그런 다음에 기쁨의 정서, 즉 화기를 일으켜 오장육부 전체를 화평하게 함으로써 치료를 마무리합니다. 이게 바로 허준의 이론이자 치료법이었던 것이죠.

물음으로 빛과 그림자의 경계를 허물다

앞에서 이야기한 감정의 정화도 이와 맥락을 같이합니다. 내 안에 은폐된 어둠, 그림자와도 같은 감정을 적극 불러내 그것과 대면하고 소통하게 함으로써 빛을 쏘여 주는 것이죠.

하지만 수련은 거기서 끝나지 않습니다. 바로 다음 작업인 물음으로 들어가지요. 앞에서 잠깐 소개한 "화가 날 일입니까?"라는 물음을 통해 생각 너머 사실의 세계로 의식의 차원을 이동하려는 시도를 하는 겁니다. 그렇게 묻고 묻고 또 물어 가면, 어느새 생각이 끊어지고 하늘이 열리지요. 화날 일 없는, 그렇다고 화 안 날 일도 없는, 그저 그 일만 사실로 오롯이 존재할 뿐인 세계를 경험하게 됩니다.

이것은 치유로만 넘어설 수 없는 어떤 경지로 나를 이끌지요. 치유가 그림자를 만나 보듬어 줌으로써 감정을 정화하는 것이라면, 물음으로 사실의 세계에 진입하는 것은 무엇이든 빛과 그림자를 안고 있으므로 결국 그 둘은 하나임을 알게 되는 과정이라 할까요. 이 과정을 전부 거쳐야 우리는 비로소 내 삶은 결국 빛이자 그림자며 그 둘의 통합임을 경험하게 됩니다.

이 빛과 그림자에 빗대어 장자가 인생을 표현한, 아주 탁월한 구절이 있습니다.

그림자의 그림자가 그림자에게 물었다. '당신은 조금 전에는 걸어가다가 지금은 멈추었고, 조금 전에는 앉았다가 지금은 일어섰으니, 왜 그렇게 줏대가 없소?'
그림자가 대답했다. '내가 딴것에 의존하기 때문에 그런 것이 아니겠소? 내가 의존하는 그것 또한 딴것에 의존하기 때문에 그런 것 아니오?'

한마디로 이 세상은 다 '그림자놀이'라는 겁니다. 이를 다시 풀이하면 이렇습니다. 진짜 빛은 존재고, 여기나없이있음이고, 영(靈)이고, 공(空)이지요. 그것이 이곳에서는 빛이라는 현상과 그림자라는 현상으로 나타납니다. 우리는 이 두 가지를 다 실상으로 여기지만 아니에요. 실재하는 것은 볼 수 없고 들을 수 없고 만질 수 없습니다. 그러니까 엄밀히 말하면 나타난 것은, 심지어 빛조차도 실재의 그림자일 뿐인 겁니다. 장자의 표현대로 하면 빛은 본 그림자고, 그림자는 엷은 그림자이지요.

엷은 그림자가 본 그림자에게 묻습니다. "당신은 조금 전에는 걸어가다가 지금은 멈추었고, 조금 전에는 앉았다가 지금은 일어섰으니, 왜 그렇게 줏대가 없소?" 그러자 본 그림자가 대답하지요. "내가 딴것에 의존하기 때문에 그런 것이 아니겠소?" 대답이 참 멋집니다. 홀로 살 수 없다는 거예요. 이 세계에서는 모든 게 관계 속에 있다는 겁니다.

이런 관점으로 세상을 살면 어떨까요. 내게 나타나는 빛과

도 잘 관계하고 그림자와도 잘 관계하겠지요. 때와 장소 그리고 상대에 맞게 적절하게 공명하면서 자신이 정말 원하는 것을 추구해 나갈 수 있을 것입니다.

나의 디자이어에 공명한다는 것

이를 좀 더 쉽게 풀이하기 위해 한 예를 들겠습니다. 어떤 사람이 장사 밑천으로 산 달걀을 갖고 가다가 넘어져 전부 깨뜨립니다. 그는 보상이라도 몇 푼 받아 볼까 하여 자신이 왜 넘어질 수밖에 없었는지를 따지기 시작해요. 그 과정에서 별별 얘기가 다 나옵니다. 신발 밑창이 허술해서 넘어졌으니 신발을 만든 이의 책임이다, 길바닥을 미끄럽게 방치한 도로공사 책임이다, 달걀 포장이 제대로 안 되어 깨졌으니 달걀을 판 이의 책임이다 등등. 그렇게 잘잘못을 따지고 책임을 묻다가 어느덧 30년이 흘렀습니다. 그런데도 그 사람은 아직까지 그 짓을 계속하고 있다고 합니다.

반면 똑같은 일을 당한 다른 사람은, 그 즉시 돈을 꾸어 다시 시장에 가서 달걀을 삽니다. 그러고는 달걀을 부화시켜 엄청나게 많은 닭을 키우기 시작합니다. 그 닭이 다시 달걀을 낳고 그 달걀에서 병아리가 나와 또 닭이 되고, 그렇게 해서 빌린 돈도 다 갚고 지금은 아주 크게 성공을 했다고 해요.

전자는 원인과 잘못을 따지느라 정작 자기가 정말 원하는 것이 무엇인지는 잊어버린 사람입니다. 실재가 무엇인지도 모르고, 본 그림자와 엷은 그림자가 어떤 식으로 자기의 삶에 작용하는지도 모릅니다. 그래서 죽을 때까지 자기의 디자이어를 알지 못하고 그에 공명도 못하지요.

이에 반해 후자는 자기 디자이어에 충실한 사람입니다. 디자이어를 안다는 것은 실재를 안다는 거지요. 그래서 중간에 무슨 일이 생겨도, 즉 본 그림자와 엷은 그림자가 어떤 조화를 부려도 디자이어를 잊는 일이 없어요. 다시 말해 어떤 상황에 처하든 늘 자신의 디자이어에 공명할 준비가 되어 있는 겁니다.

우리 중에 얼마나 많은 사람이 후자처럼 현명하게 살고 있나요? 혹시 내가 지금 우울한 이유를 따지느라 엄마에 그 엄마에 엄마까지, 조상을 전부 뒤져 유전자 검사를 하고 있는 건 아닙니까? 또 무엇이든 서로 의존해 있는 것을 모르고 시시비비를 가리는 데만 급급한 것은 아닌가요?

그런 점에서 보면 시시비비를 초월하고 명분과 실리 어느 한쪽에도 걸림이 없는, 무위와 자유라는 도의 세계를 일관되게 추구한 장자야말로 자신의 디자이어에 가장 충실했던 사람이 아닌가 싶습니다. 그의 사상과 철학이 가장 집약적으로 드러난 부분이, 그 유명한 나비의 꿈에 관한 구절입니다.

어느 날 장주(莊周)가 나비가 된 꿈을 꾸었다. 훨훨 날아다니는 나비가 되어 유유자적 재미있게 지내면서도 자신이 장주임을 알지 못했다. 문득 깨어 보니 다시 장주가 되었다. 장주가 나비가 되는 꿈을 꾸었는지, 나비가 장주가 되는 꿈을 꾸었는지는 알 수가 없다. 장주와 나비 사이에 무슨 구별이 있기는 있을 것이다. 이런 것을 일러 사물의 변화(物化)라 한다.

장자가 어느 날 나비가 되는 꿈을 꿉니다. 왜 나비일까요? 동서양을 막론하고 나비는 변화를 상징합니다. 그만큼 나비가 알에서 번데기와 애벌레를 거쳐 나비로 비상하는 변화 과정을 확연히 보여 주고 있기 때문이에요.

이 세상의 모든 것은 변화합니다. 삶도 마찬가지죠. 사실은 나비만큼이나 인간의 삶 자체도 변화무쌍함을 보여 줍니다. 그래서 시간과 장소와 사람에 따라 어떻게 변화하고 적응할 것인가를 아는 게, 살아가는 최고의 기술이라 일컫는 것입니다. 주역(周易)은 바로 그 변화의 원리를 연구하여 체계화한 학문이지요. 요즘 시대에 유행하는 자기계발서도 변화를 빼면 내용이 없어요. 시간을 어떻게 관리할 것인가, 고객의 관심을 어떻게 파악할 것인가 등이 전부 다 변화를 읽는 기술을 다루고 있습니다.

어쩌면 장자가 이 부분에서 나비의 꿈을 언급한 것은, 그것을 인간 전체가 꿈꾸는 하나의 이상으로 보았기 때문이 아닌가 싶습니다. 다 더 나은 방향으로 변화하기를 바라고 나비가 되어 날아오르기를 원하잖아요. 이를 다른 말로 하면 '되고 싶다'는 겁니다. 우리나라도 예부터 얼마나 변화를 중시했으면 광화문, 홍화문, 돈화문 등 이름에 될 화(化) 자를 붙인 게 많았겠어요. 뭔가가 되고 싶은 열망을 그렇게 표현한 것이지요.

이미 되어 있는 것을 나타나게 하라

알고 보면 삶이란 곧 되어감의 연속이기에, 되어 가는 과정을 멈추면 그것이 곧 죽음일 것입니다. 그렇다고 모든 사람이 되어감의 과정, 즉 변화를 즐기고 누리는 것은 아닙니다. 오히려 변화를 두려워하고 회피하는 사람이 더 많지요. 그래서 성공적으로 변화를 이룬 사람들, 장애를 넘어 나비가 되어 날아오른 사람들의 이야기가 더욱 특별한 감동을 주는 게 아닐까요.

　몇십 년간 다양한 사람을 만나 수련을 안내해 온 덕분에, 저는 자신의 삶을 획기적으로 바꾼 이들의 사연을 많이 알고 있습니다. 그중엔 목사였다가 의식의 혁명을 이루어 우리나라 굴지의 중소기업으로 직장을 옮긴 후 부사장까지 된 분이 있습니다. 몇십 년을 주부로만 살다가 수련을 통해 자신의 디자이어에 접촉되어 나이 오십에 대학에 들어가 학사는 물론 석사 과정까지 도전한 분도 있지요.

　이런 사람들에게서 보이는 가장 큰 특징이 뭔지 아십니까? 바로 장소를 바꾼다는 겁니다. 쉽게 말해서 시골에 살던 사람은 서울로 오고, 서울 살던 사람은 시골로 간다는 거예요. 교회에 있던 사람이 장바닥에 나오고, 가게에서 물건 팔던 사람이 어느 날부터 학교에 나가기 시작합니다. 장소가 바뀌면 만나는 사람이 바뀌지요. 만나는 사람이 바뀌면 친구가 바뀌고 생활습관이 바뀝니다. 그리고 무엇보다도 선생님이 바뀌고, 선생님이 바뀌면 생각이 바뀝니다. 이것이 계속 선순환하면서 변화가 이루어지다가 어느 순간 훨훨 날아다니는 나비가 되는 겁니다.

그런데 변화를 꿈꾸기는 해도 인색한 사람이 있어요. 꿈이 너무 작습니다. 또 첫 마음만 컸지 영 행동을 안 해요. 몇 번 시련을 겪으면 금세 포기하는 사람도 있고요. 이런 이들은 번데기와 애벌레는 될 수 있을지언정 나비는 못 됩니다. 아니, 우리는 이미 전부 나비이지만 그걸 알지 못하고 끝나는 거지요. 장자도 고백하잖아요. 나비가 되어 훨훨 날아다니는 것이 자신인 줄 몰랐다고.

그런데 문득 깨어 보니 다시 장자가 되었다고 하지요. 이때 장자가 질문을 던집니다. "내가 나비 되는 꿈을 꾼 것인가 아니면 나비가 내가 되는 꿈을 꾼 것인가?" 이 질문은 의식이 깨어나면 나와 대상이 분리되기 이전의 세계가 보인다는 것을 말해 주고 있습니다. 그 세계에서는 장자와 나비가, 말단 사원과 최고경영자가, 최고의 영성가와 저잣거리의 장사꾼이 하나예요. 뭐든 이미 이루어져 있습니다. 그러므로 내가 이 땅에서 무엇이 되기를 꿈꾼다면, 모두 다 이루어진 그 세계에 접속하여 공명하기만 하면 됩니다. 내가 원하는 그것이 이루어진 것처럼 말하고 생각하고 행동함으로써, 이미 되어 있는 그것을 나타나게 하면 된다는 말입니다.

그러면 누구나 나비로 날아오르는 기적을 체험할 수 있어요. 이를 장자는 물화(物化), 즉 사물의 변화라는 말로 풀이합니다. 사물은, 그것이 무엇이든 고정된 것이 아니라 끊임없이 되어 가는 과정을 밟는다는 거지요. 이는 각각의 사물에 모든 것이 될 수 있는 가능성이 이미 내재해 있음을 뜻합니다. 가능성이 있지 않고서는 드러날 수가 없는 법이니까요. 그러니까 내가 나비로 날아오를 수 있다는 것은, 사실은 내가 이미 나비라는 말이에요. 내 안에 나비의 날개가 숨겨져 있다는 겁니다.

내 안에 모든 가능성이 있다

누구나 꿈꾸는 만큼 변화합니다. 개인은 물론이고, 회사와 나라도 그래요. 그리고 변화의 핵심은 무엇이든 고정된 것으로 보지 않는 것입니다. 그동안의 꽉 막힌 내 생각들을 잣대로 어느 한쪽을 편들거나 시비를 함부로 구별하지 않는 것입니다. 또 나의 한계를 미리 정하지 않는 것입니다. 그것이 바로 선악과(善惡果)를 넘어서는 비결이고, 바라밀다죠. 그렇게 계속 넘고 넘고 또 넘어설 때 나는 나비가 되어 무한 창공을 유영할 수 있습니다.

이미 다 이루어져 있는 존재계 그리고 내 안에 있는 무한한 가능성을 한 번이라도 경험하고 나면, 그다음부터는 아주 쉽습니다. 단지 기억하기만 하면 되기 때문이지요. 거칠 것 없는 자유, 한계 없는 꿈, 조건 없는 사랑 그리고 그 속에서 빛으로 존재하는 나를 말입니다. 그 기억이 나를 나 되게 하고 모든 것이 되게 합니다. 우리의 삶은 그렇게 해서 완성되는 것입니다.

오늘은 여기까지 하겠습니다. 고맙습니다.

7강 양생주1 - 일에 대하여

깨달은 백정의 칼은 무엇을 베었는가

열정과 깨달음이 공존하는
양생의 비결

나는 말하리라.
열정이 사라졌을 때
삶은 어둠에 불과하다고.
나는 말하리라.
깨달음이 없는 한
모든 욕망은 맹목에 불과한 것이라고.
나는 말하리라.
노동이 없는 깨달음은 헛된 것이며,
사랑이 없는 노동 역시 헛된 것이라고.

―――

칼릴 지브란의 《예언자》 중에서

내 속을 비추는 도구, 생각 바꾸기

철수네라 불리는 집이 있습니다. 농사일이나 동네 돌아가는 소식에 대해 모르는 게 있으면 가서 물어보는 집이죠. 어느 날 철수 아버지와 이런저런 얘기를 나누고 있는데, 한 나무를 가리키며 대뜸 그럽니다. "저 나무가 멀쩡해 보이지? 그런데 언젠가부터 못 크고 멈춰 있어." 태풍이 예고된 날에는 논가를 지나가며 이럽니다. "아무리 바람이 세도 저 벼는 못 쓰러뜨릴걸."

장자 강의를 하면서 돌아보니, 시골 촌부가 툭 던진 말들에 장자 철학의 핵심이 들어 있는 것 같습니다. 일어나는 현상의 빛과 그림자를 동시에 보고 있다는 점에서 그렇지요. 오늘도 역시 그림자에 대한 이야기를 많이 할 겁니다. 그림자에 관한 마지막 정리라고 봐도 좋겠습니다. 그 매개는 바로 '생각 바꾸기'지요. 생각을 바꿔 보는 순간, 그동안 내 안의 그림자가 어떻게 외부로 전이되고 투사되었는지가 한눈에 드러납니다. 그것을 확인하면 아마도 여러분은 그림자를 어떻게 인식하고 다루어야 하는지에 대해 좀 더 분명하게 알 수 있을 겁니다.

그럼, 이제 생각 바꾸기를 하겠습니다. '친구 김철수가 나를 배신해서 내가 화가 난다'는 문장으로 시작해 보죠. 생각을 바꿀 때는 거꾸로 바꾸고, 나로 바꾸고, 또 우주 질서로 바꿔 봅니다.

원래 생각 친구 김철수가 나를 배신해서 내가 화가 난다.

이것을 거꾸로 바꾸면 어떻게 될까요? 내가 화가 나는 게 아니라 친구 김철수가 화가 나는 걸로 바꾸면 됩니다.

거꾸로 바꾸기 친구 김철수가 나를 배신해서 내가 화가 나는 게 아니라, 내가 친구 김철수를 배신해서 그가 내게 화가 난다.

솔직히 말하면 우리 사는 게 다 이렇습니다. 내가 친구 김철수를 배신한 것은 떠올리지 못하고 그가 나를 배신한 것만 가슴에 품고 살아요. 직접적으로 돈을 떼먹거나 큰 약속을 안 지킨 것만 배신이 아닙니다. 따지고 보면 사소한 거짓말이나 그를 좋지 않게 생각한 것도 배신이라면 배신이에요. 중요한 사실은, 자기 안에 배신이 없으면 친구가 무슨 짓을 해도 그것을 배신으로 여기지 않는다는 겁니다. 다시 말해 제 속에 있는 것만 바깥으로 투사된다는 말입니다.

이번엔 나로 바꿔 봅시다. 나 자신에게 화가 나는 것으로 문장을 바꾸면 됩니다.

나로 바꾸기 친구 김철수가 나를 배신해서 내가 화가 나는 게 아니라, 내가 나를 배신해서 나 자신에게 화가 난다.

친구를 믿은 것이 내 선택이라면, 그로부터 배신을 당한 것 역시 나의 선택입니다. 남 탓을 할 여지가 없어요. 모든 것은 나에게서 시작되어 나에게로 돌아오기 때문이지요. 내 안에 없는 것은 절대 외부로 표현되지 않습니다. 여러분이 생각 바꾸기를 통해 가장 명심하고 잊지 말아야 할 것이 있다면 이게 아닌가 싶습니다.

내 신념 체계에 들어오지 않는 우주 질서

이제 마지막으로 우주적 질서로 바꾸어 볼까요. 이 대목에서 여러분은 그동안 굳건히 고수해 온 '어떠해야 한다 혹은 어떠하면 안 된다'는 기존의 신념 체계가 산산이 부서지는 것을 한눈에 보게 될 것입니다.

우주 질서로 바꾸기 친구 김철수는 나를 배신할 수 있다. 친구 김철수는 나를 잘 배신하게 되어 있다. 나도 친구 김철수를 배신할 수 있고, 잘 배신하게 되어 있다. ……

어떻습니까? 아주 놀라운 가능성의 세계죠? 이 우주는 무엇이든 할 수 있게 설계된 곳입니다. 뭐는 되고 뭐는 안 되고, 그런 게 없어요. 더군다나 어떤 일이든 빛과 그림자라는 양면을 지니고 있기에, 시간과 장소와 사람에 따라서 호재가 되기도 하고 악재가 되기도 합니다. 그러니 내가 좋아하는 것만 허락하고 내가 싫어하는 것은 허락하지 않는다는 식의 유아적인 관념이 발 디딜 틈이 없습니다.

이와 같이 세상의 모든 것은 동전의 양면과도 같음을 기억하십시오. 스스로 말을 할 때, 내가 하는 말이 절반은 옳고 절반은 그를 수 있음을 아세요. 다른 사람의 말을 들을 때도 마찬가지입니다. 그러면 자연스럽게 말하는 것을 조심하게 되고 남의 말을 경청하게 되지요. 사실이 무엇이고 생각이 무엇인지 분별력을 갖게 된다는 겁니다.

외도한 남편과 집 나간 아내, 가출한 자식부터 나라를 망치는 무능한 관료들까지, 누가 무엇을 하든 완전히 그른 것은 없습니다. 제아무리 남의 존경과 우러름을 받는 행위도 완전히 옳은 것은 없지요. 이런 원리를 아는 사람은, 외견상 큰 잘못을 저지른 것처럼 보이는 이에게도 고개 숙일 줄 압니다. 바람피운 남편에게 오히려 내가 잘못했다고 하고, 심지어 나라를 팔아먹고 망쳐 놓은 이들에게도 내가 미안하다고 말할 줄 알아요. 왜 그럴까요? 내 안에도 그런 욕망이 있고, 결국 나도 같이 그 일을 했다는 걸 알기 때문입니다.

기울지 말고 집착도 말라

오늘 볼 장자의 말씀은 〈양생주(養生主)〉 편에 실린 글들입니다. 앞서 본 〈소요유〉와 〈제물론〉은 의식을 업그레이드하여 우리의 인식 시스템 자체를 새로 설치하는 내용으로 구성되어 있다고도 볼 수 있습니다. 그런데 앞으로 강의할 〈양생주〉부터는 업그레이드한 의식을 어떻게 내 삶에 구체적으로 적용할 것인지를 다루는, 한마디로 실천 편이라고 할 수 있습니다. 그 시작인 오늘 강의에서 여러분은 생명을 북돋우며 신나고 활기차게 살아갈 수 있는 삶의 기술과 방법을 전수받을 수 있을 것입니다. 그럼 본문을 보겠습니다.

> 우리 삶에는 끝이 있으나, 알아야 할 것에는 끝이 없다.
> 끝이 있는 것을 가지고 끝이 없는 것을 추구하는 것은 위험하도다.
> 그런데도 계속 알려고만 한다면 더더욱 위험할 뿐이다.

여기서 우리 삶이란 이 땅에서의, 그러니까 존재가 아닌 현상 차원에서의 삶을 의미합니다. 그것은 죽음이라는 형식으로 끝을 맺습니다. 반면 앎에는 끝이 없지요. 그런데 어찌하여 인간은 앎을 대상으로 시시비비를 가리는 데 온 생명 에너지를 쏟느냐는 겁니다. 끝이 있는 것으로 끝이 없는 것을 추구하고 판단하고 분별하는 자체가 어리석고 위험하다는 얘기입니다.

　이 대목에서 오해하면 안 되는 것이 있어요. 앎을 추구하지 말라는 게, 단순히 지식을 쌓지 말라는 의미는 아닙니다. 책을 읽지 말고 공부를 하지 말라는 말이 아니라는 거지요. 다만 '안다는 생각'으로 상대를 평가하고 비난하지 말라는 겁니다. 사실 이 세상을 살면서 나를 가장 괴롭히는 것은 내가 옳다는 생각 아닌가요? 우리는 대부분 그것 때문에 싸우고 갈등하고 고민합니다. 나는 옳은데 세상이 틀리고, 나는 옳은데 상대가 잘못됐다는 생각 때문에 세상을 탓하고 상대를 미워하고 욕해요. 그래서 위험하다는 겁니다.

　계속해서 본문 나갑니다.

　선을 행하더라도 명성을 가까이하지 말고,
　악을 행하더라도 형벌을 받을 정도로는 하지 말 것이다.
　오직 중도를 따르고 기준으로 삼으라.
　그러면 몸을 보존할 수 있고, 삶을 온전히 할 수 있다.
　또한 부모에게서 받을 것을 보양할 수 있으며, 자연 수명을
　다 누릴 수 있을 것이다.

　앞서 여러 번 강조한 내용이 여기 또 나옵니다. 바로 중도입

니다. 장자는 이를 하늘의 고름[천균(天均)]과 도의 지도리[도추(道樞)]라는 말로 표현하고 있어요. 어느 한쪽으로 기울지 말고, 다른 한쪽에 집착도 하지 말라는 거예요. 나쁜 일이라고 생각되는 건 말할 것도 없고, 아무리 착하고 옳은 일처럼 보이는 것도 그에 기울고 집착하면 그림자를 드리우기 마련이지요.

이 현상계에서는 모든 게 빛과 그림자를 지니고 있습니다. 그러니 옳고 그름도, 착하고 나쁜 것도 알고 보면 다 동전의 양면이에요. 이를 알면 어느 한편으로 기울거나 집착할 이유가 없어집니다. 그걸 명심할 때 내 몸을 보존하고 어버이를 공양하며 삶을 온전히 하면서 천수를 누릴 수 있으니, 이런 삶이 어떻겠느냐고 장자가 운을 띄우고 있습니다.

도를 귀히 여기고 술을 행하는 자

장자는 그러고 나서 포정(庖丁)이란 백정이 임금 문혜군(文惠君)을 위해 소를 잡는 이야기로 넘어갑니다. 포정의 놀라운 기술에 감탄한 문혜군이 비법을 묻자, 포정이 대답합니다.

> "제가 중요하게 여기는 것은 도(道)입니다. 기술의 경지를 넘어선 것입니다. 처음 소를 잡을 때는 눈에 보이는 것이 온통 소뿐이었습니다. 삼 년이 지나자 소의 몸체가 보이지 않게 되었습니다. 지금은 마음으로 대할 뿐, 눈으로 보지 않습니다. 감각 기관은 쉬고, 마음이 원하는 대로 움직입니다. 소의 자연스러운 결에 따라 힘줄과 뼈 사이에 칼을 밀어 넣고, 골절 사이의 빈 구멍에 칼을 댑니다. 이렇게 정말 본래의 모습에 따르니, 아직 인대(靭帶)나 건(腱)을 베어 본 일이 없습니다. 큰 뼈야 말할 나위도 없지 않겠습니까?"

보통 왕과 백정이 등장하는 이야기에서는, 백정이 왕에게 묻고 그의 자비로우며 현명한 대답을 기다립니다. 그런데 장자는 완전히 반대예요. 왕이 백정에게 묻고 백정이 대답을 합니다. 도의 관점에서는 왕이고 대통령이고 장사꾼이고 서민이고 구별이 없다는 거지요. 도란 왕궁에 있는 것도, 교회나 성당 혹은 산속 깊은 데 위치한 절간에 있는 것도 아니라는 겁니다.

지금 인터넷에 접속해 보세요. 삶의 원리, 삶의 아름다움과 기술을 밝혀 주는 도에 관한 메시지들이 얼마나 넓게 퍼져 있습니까? 또 그 내용들은 얼마나 명료하고 투명합니까? 도는 그 누구에 의해 독점될 수 없습니다. 과거에는 독점하려는 세력이 있었고 실제로 자신의 권력을 이용해 그렇게 하려고 했지만, 적어도 지금 시대에서는 아니죠. 그런데 장자는 인터넷이란 것을 상상도 할 수 없던 시절에 이미 그런 진리를 알았으니 대단한 사람이에요.

그 장자가 다시 포정의 입을 빌려 말합니다. "제가 중요하게 여기는 것은 도(道)입니다." 일개 백정이 돈과 체면과 권력과 명예가 아닌, 도를 귀히 여긴다고 당당히 밝히는 게 참 멋지지 않습니까? 심지어 그는 도가 술(術)을 넘어선 것이라고 말합니다. 도와 술의 관계를 통찰하고 있음을 잘 보여 주지요.

단지 활만 잘 쏜다면 그건 궁술(弓術)에 불과해요. 진정한 궁사가 되려면 술을 넘어 도로 가야지요. 궁도(弓道)를 배우고 익혀야 하는 겁니다. 말하는 것도 그렇습니다. 예수님, 부처님 같은 성인들에게 화술(話術) 좋다고 하지는 않잖아요. 그분들은 단지 말하는 기술이 좋은 게 아니라, 도를 가장 적절한 어휘를 구사하여 표현하고 있는 것입니다. 그래서 그건 화술이 아닌 화도(話道)예요. 장사하는 이들 사이에도 상도(商道)가 있고 상술(商術)

이 있습니다. 상도 없이 상술만 좋으면 어때요? 반짝 돈을 벌 수는 있어도 큰 성공은 못합니다. 언젠가는 자신이 쓴 얄팍한 상술이 그대로 부메랑이 되어, 즉 그림자가 되어 돌아오기 때문입니다. 인간관계도 그렇죠. 도의 없이 계산과 술수로 이루어진 관계는 어긋나기 마련입니다.

그렇다고 술이 필요 없다는 건 아니에요. 도와 더불어 술도 필요하지요. 도가 중심에 서야 할 기둥 같은 것이라면, 술은 다양한 상황에 적용할 수 있는 방법이라 할까요. "원칙과 변칙이 조화를 부려야 이길 수 있다"고 한 손자의 말도 같은 맥락에서 나온 것입니다. 그러니 결국 도와 술, 원칙과 변칙의 통합만이 궁극적으로 추구해야 할 목표라고 할 수 있는 것입니다.

감각과 생각으로는 실재를 알 수 없다

자기가 어떻게 소를 잡는가에 관한 포정의 말은 계속됩니다. 그것은 크게 3단계로 나뉘어 있어요. 내용을 읽어 보면 알겠지만, 이는 단지 소 잡는 방법에 관한 것이 아니에요. 어떤 단계를 거쳐 마침내 도를 이룰 수 있는가에 관한 내용을, 소 잡는 일에 빗대어 설명하고 있는 겁니다. 그 단계를 구체적으로 풀어 보면 이렇습니다.

첫째는 소만 보이는 단계입니다. 이는 감각세계에만 머물러 있다는 것을 의미합니다. 우리의 생각은 감각을 원천으로 해서 생겨나므로, 이는 또한 내가 생각세계에 갇혀 있음을 뜻합니다. 사물과 대상을 있는 그대로 보지 못하고 입력된 정보에 따라 보는 수준입니다. 이 단계에서는 자기의 앎을 내세워 정죄하고 판단하고 비난하고 분별하는 것으로만 이 세상과 관계합니다. 그런데 장자에 의하면, 감각에 의존한 앎이란 상대적일 수밖에 없습니다. 빛과 그림자가 늘 공존하므로 무엇이 절대적으로 옳고 그를 수 없다는 겁니다.

그런데도 대부분의 사람은 내 눈에 보이고 내 귀에 들리는 것을 절대적으로 믿습니다. 수련하러 온 어떤 분은 어릴 때 자기를 괴롭힌 사람 얼굴이 갸름해서, 얼굴형이 비슷한 사람만 봐도 너무 싫답니다. 자기에게 상처를 준 그 당시의 생각과 느낌에 갇히면 이렇게 사실을 왜곡하게 됩니다. 따라서 삶도 그만큼 제한되지요.

우리의 감각이라는 게 얼마나 실재와 거리가 먼지, 심지어는 실재를 왜곡할 수 있는지를 드러내 주는 그림 하나 보겠습니다.

여러분 눈에는 위의 그림이 어떻게 보이나요? 사람이 말을 타고 저쪽으로 가고 있나요? 아니면 이쪽으로 오고 있나요? 저쪽으로 간다고 생각하는 사람도 있고, 이쪽으로 온다고 생각하는 사람도 있을 것입니다. 뭐가 맞는 것일까요?

이 그림은 보는 사람에 따라 다르기 때문에 옳고 그름을 논할 수 없습니다. 그런데 중요한 것은 동시에 그 두 가지를 볼 수 없다는 것입니다. 이것이 바로 눈의 한계입니다.

비슷한 예로 또 다른 그림을 보겠습니다.

위의 그림 역시 이렇게 보면 오리이고, 저렇게 보면 토끼입니다. 오리와 토끼를 동시에 볼 수는 없어요. 그러니까 우리가 만약 이 그림을 놓고 토끼다, 오리다 하고 싸운다면 그거야말로 웃을 일이다 이겁니다.

'소'만 볼 때 사라지는 '관계'

감각이란 게 그리고 생각이란 게 이렇게 한계가 많고 제한되었는데도 사람들은 그에 목숨을 겁니다. 어떤 사안을 두고 싸울 때 흔히 그런 말을 하잖아요. "내가 똑똑히 봤다니까!" "내 귀로 분명히 들었다니까!" "내 생각이 틀림없이 옳다니까!" 자기의 눈과 귀를, 생각을 전혀 의심하지 않는 이런 사람들에게 장자는 말합니다. 제발 좀 1단계에서 벗어나라고, 왜 그 낮은 단계에서만 머물며 싸우고 있느냐고요.

포정이 말했듯이, 1단계에 있는 사람의 눈에는 온통 소만 보입니다. 여기서 소는 요즘 말로 하면 돈이기도 하고 성공이기도 하고 명예, 권력, 자존심이기도 합니다. 내 감각과 생각이 고착되어 있는 어떤 대상을 의미하지요. 그것에 집착하고 소유하는 데 목숨을 걸기 때문에, 1단계에 머무는 사람들은 삶과 통합적으로 관계할 수가 없습니다.

어떤 사람은 수련하러 와서 돈벼락 맞는 법 좀 알려 달래요. 그런데 정작 왜 돈벼락이 맞고 싶으냐고 물으면 대답을 못합니다. 기껏 하는 말이 행복하기 위해서랍니다. 제가 말했습니다. "돈 벌어서 행복하려 하지 말고, 그냥 지금 행복해라. 행복한 가운데서 돈을 벌면 되는데 왜 행복을 위해 돈을 벌려다 불행으로 빠지느냐"고 말입니다.

돌아보면 여러분도 한 번쯤은 이렇게 산 세월이 있었죠? 그리고 지금 주위에도 엄청나게 많은 사람이 돈에 매여, 성공에 매여 혹은 깨달음과 행복에 매여 이렇게 살고 있을 겁니다. 그냥 행복할 수 있는데, 그냥 행복하면 되는데 그걸 못하고 삶을 수단으로 전락시킵니다. 그리고 그 순간 불행해지지요. 삶과 관계를 못하고 삶을 수단화하니까 불행한 겁니다.

삶이 관계임을 알고 그 관계의 신비로움에 눈을 뜨면 행복이 저절로 찾아옵니다. 생각해 보면 이 땅에 빈 몸 하나로 와서 누군가의 친구가 되고 애인이 되고 또 아버지가 되고 어머니가 된다는 것이 얼마나 신기합니까? 아이들이 태어나게 함으로써 그들이 아들 되고 딸이 되듯이, 그 아이들 또한 나를 아버지 되고 어머니 되게 합니다. 우리는 그렇게 서로 되어 가게 하지요.

그런데 관계를 사람하고만 하는 것이 아니에요. 충남 금산에서 태어났으면 금산과 관계할 수밖에 없습니다. 넓게 보면 대한민국, 아니, 이 지구와 관계하게 되어 있어요. 자기가 태어난 시대와도 관계하지요. 자연 속에서 살아가니 자연과도 관계합니다. 그래서 우리는 역사와 지리, 자연과 인문사회 등을 고루 알아야 하는 거예요. 모르면 잘 관계할 수 없고, 그러면 나 자체도 알 수 없으니까요.

그러므로 소만 보고 산다는 것은, 나를 모르고 또 관계를 모르고 산다는 것과 같은 의미입니다. 그런 사람은 자기를 사로잡는 어느 한 생각에만 집착하지요. 무슨 짓을 하든 정권만 잡으면 된다는 생각, 일단 술만 먹으면, 어떻게든 게임만 하면 된다는 생각, 죽을 때까지 돈만 벌면 된다는 생각 말입니다. 한마디로 중독이에요. 중독이 뭐 별건가요? 지금 당장 그것만 하면 된다는 게 중독이에요. 온몸과 마음이 그것에 매여 있어 훗날 그것이 나에게 어떤 그림자가 되어 돌아온다는 걸 몰라요.

하지만 내가 한 모든 것은 다 내게 돌아오게 되어 있지요. 사랑하면 사랑이 되어 돌아오고, 미워하면 미움이 되어 돌아옵니다. 친절하면 친절이 되어, 불친절하면 불친절이 되어 돌아온다고요. 나에게 직접 돌아오지 않더라도 자식의 자식에게라도 돌아가게 되어 있어요. 예를 들어 내가 걸핏하면 술 먹고 행패 부리고 식당 종업원에게 반말이나 한다고 가정해 보세요. 그로 인해 사회의 어느 한 부분이 멍들고 균열이 생기는데, 사회에서 살아가는 나와 나의 자손들이 과연 그 결과를 피할 수 있을까요?

내가 곧 이 사회고 나라고 세계입니다. 내가 보고 듣고 말하고 앉고 눕고 서는 태도가 곧 그것들을 창조하는 것이지, 나와 분리되어 따로 존재하는 게 아니에요. 그런데 우리는 보통 자기는 쏙 빼지요. "이 더러운 세상!" 하고 욕하면서 자기가 더러운 건 몰라요. 아니, 그렇게 욕하는 자체가 자신을 더럽게 하는 행위라는 걸 모릅니다. 이것이 바로 1단계에만 머무는 사람들이 흔히 보이는 삶의 태도입니다.

소도 사라지고 나도 사라지는 경지

그러면 2단계의 특징은 뭘까요? 소의 통째가 아닌, 소의 안을 보는 단계입니다. 근육과 뼈와 인대를, 즉 남들이 육안으로 볼 수 없는 것을 꿰뚫어 보는 거지요. 이쯤 되면 기술로 구사할 수 있는 최고에 도달했다고 해도 과언이 아닙니다.

그런데 포정은 이것이 끝이 아니라고 하면서, 지금은 오직 마음으로만 소를 대할 뿐이라고 합니다. 감각 기관은 멈추고 이제 신이 원하는 대로 움직이는, 즉 3단계에 이르렀다는 거예요. 그 경지를 더 구체적으로 파악하기 위해 본문 말씀을 계속 보겠습니다.

"훌륭한 요리사는 해마다 칼을 바꿉니다. 살을 가르기 때문이지요. 보통의 요리사는 달마다 칼을 바꿉니다. 뼈를 자르기 때문입니다. 저는 지금까지 19년 동안 이 칼로 소를 수천 마리나 잡았습니다. 그러나 이 칼은 이제 막 숫돌에 갈려 나온 것 같습니다. 소의 뼈마디에는 틈이 있고 이 칼날에는 두께가 없습니다. 두께 없는 칼날이 틈이 있는 뼈마디로 들어가니 텅 빈 것처럼 넓어, 칼이 마음대로 놀 수 있는 여지가 생기는 것입니다. 그러하기에 19년이 지났는데도 칼날이 이제 막 숫돌에서 갈려 나온 것 같습니다."

보통의 요리사가 달마다 칼을 바꾸는 이유는, 소만 보고 칼을 휘두르다 뼈를 건드리기 때문이에요. 가장 낮은 단계의 삶이죠. 그 단계를 지나면 이제 겉으로 보이는 것만이 아닌, 뼈와 인대와 근육을 모두 보기에 완벽하게 살을 베어 냅니다. 이 정도만 돼도 훌륭한 요리사라고 할 만하지요. 이제 그는 해마다 칼을 바꾸는 경지에 오릅니다.

그러나 이 또한 마지막 단계에 비하면 한참 하수입니다. 포정의 말에 따르면, 19년 동안 소를 수천 마리 잡았어도 칼이 숫돌에 막 갈려 나온 것 같을 때 비로소 고수에 등극하는 것이죠. 그 단계에 오르면 칼날엔 두께가 없고 뼈마디엔 틈이 있습니다. 그래서 뼈마디 사이가 마치 텅 빈 것처럼 넓어져요. 칼이 그 속에서 마음껏 춤출 수 있는 여지가 생기는 것이죠. 소도 사라지고 소를 잡는 자신도 사라지고 오직 칼을 휘두르는 행위만 남는 이 경지를 일컬어 장자는 '좌망(坐忘)'이라고 표현합니다. 앉아서 잊어버렸다, 즉 나를 잊으니 나와 대상의 경계마저 사라진다는 것을 의미해요. 일종의 명상입니다.

저는 포정이 자신의 일을 19년 동안 꾸준히, 그것도 도를 귀히 여기고 술을 터득하면서 했기 때문에 마침내 이런 경지에 이르렀다고 봅니다. 여기서 19년의 세월이란, 흔히 말하는 '한 분야에서 10년, 1만 시간 도 닦은' 것을 의미합니다. 자기의 디자이어,

즉 정말 잘할 수 있고 하고 싶은 일을 찾아 그걸 전공으로 삼은 후 꾸준히 노력했다는 것이지요. 만약 그가 이 일을 찾지 못했다면 어땠을까요? 또 중간에 고생스럽다고 포기했다면 어땠을까요? 1단계에서만 놀거나 혹은 2단계까지는 어찌어찌하여 올라갔다고 해도 3단계에는 이르지 못했을 게 아닙니까?

지금 위치부터 파악하라

소 잡는 단계 혹은 도를 이루는 단계에 관한 포정의 이야기를 듣다 보면 자연스럽게 곽암 선사의 〈선의 십우도〉가 떠오릅니다. 이는 수행자가 정진을 통해 불성을 깨달아 가는 과정을 잃어버린 소를 찾는 일에 비유해서 그린 것인데, 동시에 인간이 어떻게 성숙해 가면서 자기를 실현하는가도 보여 줍니다.

그 여정은 소를 찾아 헤매는 심우(尋牛)에서 시작해요. 그러다 소 발자국을 발견하는 견적(見跡)을 거쳐, 소의 뒷모습을 발견하는 견우(見牛)에 이르지요. 그 후 소에 고삐를 거는 득우(得牛)와 코뚜레를 뚫어 길을 들이는 목우(牧牛)의 단계를 지나, 기우귀가(騎牛歸家)를 합니다. 동자승이 흰 소에 올라타 피리를 불며 집으로 돌아오는 장면이 이에 해당하지요. 그런데 다음 그림에서 돌연 소가 사라지고 동자승만 남습니다. 망우존인(忘牛存人)입니다. 소는 방편일 뿐, 결국은 그것마저 잊어야 함을 의미하는 겁니다. 그다음은 인우구망(人牛俱忘)과 반본환원(返本還源)으로, 이는 일체가 공(空)이고 있는 그대로 번뇌 없는 상태임을 보여 줍니다. 그리고 마침내 마지막 단계인 입전수수(入廛垂手)에 이릅니다. 완전한 깨달음을 얻었으나, 다시 속세로 돌아간다는 거지요. 이를 통해 곽암은 자기를 발견했다면 그걸 세상에 의미 있게 써야 그것이 진짜 도임을 강조하고 있습니다.

공자 또한 15세에 배움에 뜻을 두고[지우학(志于學)], 30세에 자립을 하며[이립(而立)], 40세에 세상에 현혹되지 않는 지혜를 얻고[불혹(不惑)], 50세에 하늘의 뜻을 알고[지천명(知天命)], 60세에 귀로 듣는 대로 모든 것을 순조롭게 이해하며[이순(耳順)], 마침내 70세에 이르면 마음 가는 대로 좇아도 법도를 넘어서지 않게 된다[종심소욕불유구(從心所慾不踰矩)]는 말로 인생의 과정을 6단계로 정리했습니다.

그런데 중요한 것은 이러한 단계를 아는 것이 아니라, 내가 지금 어느 단계에 있는지를 아는 것입니다. 현재 위치를 알아야 목표와 계획을 세워 길을 갈 수 있기 때문이지요. 자신이 지금 어디에 서 있는지를 모르면 길을 헤매고 방황할 수밖에 없다는 말입니다.

소질과 재능을 전공으로 삼아라

언제 무엇을 시작하든 자신의 현 단계를 아는 것이 첫째입니다. 문제는 대부분 자기의 위치를 잘 모르면서 점검조차 하지 않는다는 것이지요. 이런 사람일수록 조금만 어려운 고비를 만나면 금세 포기하고 좌절합니다. 그러니 퇴행하거나 실패할 수밖에 없습니다.

그런데 포정은 어떤가요. 19년을 갈고닦아 비록 최고의 경지에 올랐지만 여전히 자기 일에 집중하고 조심합니다. 그 대목을 다룬 본문 말씀을 보도록 하지요.

"칼이 근육과 뼈가 있는 곳에 닿을 때마다 저는 두려운 마음에 아주 조심합니다. 시선을 집중하고, 느리고 신중하게 칼을 움직입니다. 그러려면 뼈와 살이 툭 하고 갈라지는데 그 소리가 마치 흙덩이가 땅에 떨어지는 소리와 같습니다. 그제서야 칼을 들고 일어서서 사방을 둘러보고는 흐뭇한 마음으로 칼을 닦아 갈무리를 합니다."

문혜군이 말했습니다. "훌륭하도다. 나는 오늘 포정의 말을 듣고 양생(養生)의 도를 터득했노라."

시선을 집중하고, 느리고 신중하게 칼을 쓴다는 것은, 한순간도 흐트러짐이 없다는 것입니다. 고도의 집중이지요. 포정은 19년 동안 이렇게 자신의 뜻과 마음과 정성을 다해 몰입하고 또 몰두하여 자기 일을 해 온 거예요. 이것을 저는 "포정은 디자이어(Desire)를 찾아 전공을 삼았고, 그것을 몸과 마음을 다하여 추구한 결과 '나'는 없이 오직 나의 '참된 욕망'만이 남아 그 욕망이 삶을 이끌어 가는 경지에 이르렀다"고 표현합니다. 이런 경지가 바로 양생이 아닌가 싶습니다. 이것을 다시 쉬운 언어로 바꾸면 '당신이 하고 싶은 일, 가장 잘할 수 있는 일을 하는 것이 양생'이라고 정의할 수 있지요.

여기서 하고 싶고 잘할 수 있는 일을 한다는 것은 자신의 소질과 재능, 즉 디자이어를 발견하여 그걸 전공으로 삼아 일로 실현한다는 의미입니다. 디자이어라는 단어는 본래 '아버지께로부터'라는 의미를 지닌 라틴어에서 유래했습니다. 해석하면 우리가 이 땅에 올 때 하늘로부터 받아 온 선물, 즉 소질과 재능이 됩니다. 그래서 자기가 좋아하는 일에 전념할 때 우리는 모두 신나고[신(神)이 나오고], 기쁜[기(氣)가 뿜어져 나오는] 게 아닐까요? 하늘로부터 받은 소질과 재능을 발견하여 실현하는 것만이 다시 우리가 하늘로 돌아갈 수 있는 길이 아니겠습니까?

이런 소질과 재능을, 하버드 대학 교수인 하워드 가드너(Howard Gardner)란 사람은 8가지—언어 지능, 논리수학 지능, 자연친화 지능, 음악 지능, 공간 지능, 자기이해 지능, 대인관계 지능, 신체운동 기능―로 정의했습니다. 일명 '다중지능이론'이지요. 이 검사를 해 보면 보통 2, 3개의 지능이 높은 것으로 나와요. 낮은 지능도 발견됩니다. 문제는 어떤 지능이 낮아서가 아니라, 높은 지능마저 잘 살리지 못하고 있다는 점이에요. 또한 자기이해 지능이 낮으면 아무리 다른 몇 개의 지능이 높게 나온다고 해도 그것을 방치하는 경우가 많습니다. 그러니 자기의 현 단계를 알고, 더불어 자기이해 지능을 높이는 것이 중요합니다. 그래야 자기가 정말 잘할 수 있는 일을 찾아 양생하는 삶을 살 수 있습니다.

디자이어에 생명력의 씨앗이 있다

그러고 보니 양생의 비결이 그리 어렵지는 않지요? 어쩌면 지금 여러분은 가장 생명을 북돋울 수 있는 관계 속에 있는지도 모릅니다. 다만 본인의 생각과 감각에 갇혀 혹은 안다는 교만에 눈이 멀어 그 관계를 제대로 못 볼 수도 있다는 말이에요. 그러니 그걸 일단 내려놓고 제로베이스에서 모든 것을 처음 보듯이 보십시오. 나와 다른 이를 비교하지 말고, 계산도 하지 말고, 그저 내가 좋아하는 일이 무엇이고, 잘할 수 있는 일이 무엇인지 찾아서 하라는 겁니다.

지금 당장 세상의 인정을 받지 못한다고 해서 주눅들 필요는 없어요. 반대로 세상이 지금 나를 알아준다고 해서 우쭐할 필요도 없습니다. 그 무엇이든 빛과 그림자를 안고 있으니 그저 우리는 묵묵히 자기 길을 가면 그만입니다. 그러면 언젠가 포정처럼 흐뭇하게 웃으면서 자기 생을 갈무리하는 날이 오지 않을까요?

인생은 그렇게 길지 않습니다. 그러니 이제라도 잡으십시오. 죽음이 나를 데려가기 전까지 내가 이 세상과 최고의 관계를 맺을 수 있게 하는 매개인 그 하나, 디자이어를 잡으라는 말입니다. 그 디자이어 안에 나 자신의 생명력을 북돋우고, 남에게는 사랑과 도움을 줄 수 있는 씨앗이 들어 있습니다. 바로 상생이지요. 이게 진정한 도고 양생입니다. 여러분 모두 그런 길을 갈 수 있는 본성을 갖고 이 세상에 왔으니, 윤택하고 활기 있는 삶, 사랑이 넘치는 풍요로운 삶, 서로를 살리는 양생하는 삶을 향해 걸음을 떼 놓기만 하면 됩니다.

오늘은 여기까지 하겠습니다. 고맙습니다.

8강 양생주2 – 믿음에 대하여

누가 소경의 눈을 뜨게 했는가

―

운과 노력을 넘어서는
제3의 길

경이에 찬 눈빛으로
매일매일 일어나는 삶의 기적들을 지켜보면
고통도 기쁨처럼 바라볼 수 있을 것이다.
들판 위로 지나가는 계절에 순응했듯이,
마음속을 지나가는 계절도 받아들일 수 있으리라.

칼릴 지브란의 《예언자》 중에서

미답지를 찾아 길을 내는 사람

지난 시간부터 〈양생주(養生主)〉 편에 대해 강의를 하고 있습니다. 이 부분에는 어떻게 하면 활기차고 신나는, 생명력을 북돋는 그런 삶을 살까에 관한 내용이 가득합니다. 그 첫걸음으로 우리는 자기의 디자이어(Desire), 즉 소질과 재능을 전공과 일로 삼아 몰입하고 집중하는 것이 양생의 길임을, 포정이라는 백정을 통해 배웠습니다. 그는 소 잡는 일만 19년 이상 한 사람이에요. 그 과정에서 기술만 배운 것이 아니라 도를 터득하고, 그것이 얼마나 귀한 것인지를 경험합니다. 도와 술을 통합하여 삶의 절정에 이른 것이지요.

정상 혹은 절정의 자리에 서면 여백이 보입니다. 살과 뼈, 뼈와 근육 사이의 여백뿐만 아니라, 내게 오는 자극들을 여유 있게 받아들일 수 있는 마음의 여백이 보이고, 들숨과 날숨 사이의 여백도 보입니다. 또 정신없이 돌아가는 세상에도 여백이 있음을 봅니다. 그래서 부대끼지 않아요. 오히려 그 남아도는 공간 사이에서 인생을 즐기지요.

여기서 여백이란 남들은 아직 찾아내지 못한 미답지를 말합니다. 의식의 미답지, 일의 미답지 그리고 생활의 미답지도 있지요. 어느 분야에나 아직 발견되지 않은 공간이 있고, 그 공간을 먼저 찾아내는 사람이 우위를 점하기 마련입니다. 예를 들어 축구나 배구 같은 스포츠를 봐도 그렇지요. 누가 있는 곳에 공을 주면 그건 이미 한 발 늦은 거예요. 당장은 사람이 없는 곳에, 그러나 동선을 미리 예측하고 공을 줄 때 그것이 좋은 패스가 되고 골로 연결됩니다.

그런데 어찌된 영문인지 다 같은 곳으로만 가려고 합니다. 한때는 변호사, 판사, 의사 등 '사' 자 들어간 직업이 잘나가자, 공부 좀 한다는 이들은 전부 그리로만 몰렸어요. 몇 년 전에는 IT 분야가 뜬다고 하니까 그리로 몰려갔고요. 요즘은 또 젊은이들이 너 나 할 것 없이 연예인이 된다고 난리입니다. 그런데 '뜬다'는 말이 나돌면 그때는 이미 늦습니다. 금세 포화 상태가 되어 내가 끼어들 여백이 없어진다고요.

그러니 이제는 눈에 안 띄는 사각지대, 여백을 찾아내어 거기에 길을 내는 사람이 되어야 합니다. 틈새를 알아차려야 한다는 말이지요. 단지 직업만 얘기하는 것이 아닙니다. 내 의식에서 아직 개척되지 않은 부분, 무한한 가능성으로 그냥 남아 있는 부분을 발견하고 그리로 가야 한다는 것입니다.

길을 안다고 생각하는 사람과 실제로 그 길을 가는 사람의 차이는 엄청납니다. 가 보지 않은 사람은 끝내 그 차이를 알 수 없어요. 오직 가 본 사람만 그 차이를 압니다. 눈에 보이는 길만이 아니에요. 우리의 의식 세계도 그렇지요.

하지만 우리는 선뜻 그 일에 나서지 못합니다. 가장 큰 이유는 불안해서죠. 두려워서입니다. 누구나 해 보지 않은 일을 할 때는 두렵고 불안하기 마련이에요. 우리 뇌가 그렇게 느끼도록 만들어져 있기 때문입니다. 그런데 만약 우리의 뇌가 느끼는 그 불안과 두려움이 단지 기우에 불과하다면 어떨까요? 오늘 강의는 바로 이 흥미로운 주제로 시작할까 합니다.

불안과 두려움을 뒤집는 78 대 22의 법칙

여러분, 우리나라가 브라질과 축구 경기를 할 때 이길 확률이 얼마나 될 것 같습니까. 많은 이가 객관적으로 전력을 봤을 때 10퍼센트도 안 된다고 합니다. 혹자는 실력은 뒤져도 50 대 50의 확률로 보기도 하지요. 그런데 말입니다. 사실은 성공할 확률이 78, 질 확률이 22라고 해요. 과학적으로 그렇답니다. 더 정밀하게는 그 78퍼센트 중에서도 78퍼센트, 그러니까 60퍼센트 정도는 무엇을 하든 긍정적으로 작용할 가능성을 안고 있대요.

유대인들이 전 세계적으로 은행을 만들 때 이런 의문을 품었답니다. "돈을 맡기는 사람이 많을까, 빌리러 오는 사람이 많을까." 돈을 맡기는 사람이 많아야 승산이 있을 것 아니에요. 실험과 연구를 해서 통계를 냈더니 78 대 22라는 확률이 나오더라는 겁니다. 신기하게도 공기 중 질소 대 산소의 비율 또한 78 대 22라고 하네요. 몸을 구성하는 요소도 물과 나머지의 비율을 따졌을 때 78 대 22고요. 또 오른쪽 그림처럼 네모 안에 원을 그리면, 원이 차지하는 공간과 나머지 공간의 비율도 78 대 22가 된다고 합니다.

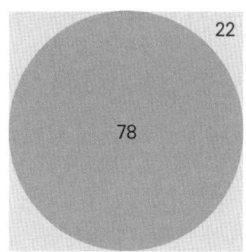

　이와 관련해 《탈무드》에 나온 에피소드 하나 소개할까요? 한 랍비가 밀수를 하다가 걸려서 처벌을 받습니다. 유대인 사회에서는 랍비가 엄청난 존경을 받는 계층이라 사람들의 분노와 실망이 크리라고 우리는 흔히 예상하잖아요. 그런데 의외로 사람들은 크게 놀라지 않아요. 분노도 안 하고 실망도 안 합니다. 78 대 22의 법칙을 알고 있기 때문이지요. 랍비 100명 중에서 22명은 뭔가 부족하다는 것을 당연하게 받아들이기에, 또한 아무리 완벽해 보이는 사람도 78퍼센트를 제외하고는 허술할 수 있음을 알기에 간혹 그런 문제가 발생해도 크게 개의치 않는 겁니다.

　이런 점에 비추어 보면, 우리가 모든 아이에게, 그것도 모든 과목에서 월등한 수준의 성적을 요구하는 게 얼마나 어리석은지 알 수 있습니다. 어떤 아이가 국어나 음악에서는 특별한 재능을 보일 수 있어요. 하지만 수학에서는 64퍼센트, 아니 78퍼센트 내에 들어가지 못할 수도 있는 겁니다. 좀 더 넓게 보면 책상머리에 앉아 공부하는 자체에 흥미와 관심이 없는 아이도 분명 있지요. 운동장에 나가서 공을 차고 야구방망이를 휘둘러야 하는 아이가 있다는 겁니다. 그런 아이를 책상에 앉혀 놓고 이게 왜 안 되냐, 왜 못 하냐고 닦달한들 무엇이 달라질까 싶습니다. 그렇다고 실망할 것도, 좌절할 것도 없어요. 그 대신 자기가 잘하는 것, 좋아하는 것을 찾으면 됩니다. 물론 우리 사회에서 살아가는 데 꼭 필요한 정도의 학력은 어떻게든 이수하게 해야죠. 어른이 도와줄 수 있는 것은 딱 그 정도입니다. 거기까지 해 주고 나머지는 아이에게 맡겨야 해요. 그래야 아이들이 제 꿈을 찾아갈 수 있습니다.

인생의 법칙 혹은 우주의 법칙이 갖는 위대함은 그것을 내 생각과 이론과 경험으로 이길 수 없다는 데 있어요. 축구 천재도 경기 중에 규칙을 어기면 옐로카드를 받잖아요. 사는 것도 그렇습니다. 규칙을 모르면 아무리 열심히 뛰어도 점수가 안 나와요. 그래서 우리는 우주가 정해 놓은 인생의 법칙을 알아야 하는 겁니다.

내가 할 일은 가능성을 활용하는 것

무엇을 하든 잘될 확률이 최소한 60퍼센트라니 어떻습니까? 충분히 도전해 볼 만하다는 생각이 들지 않나요? 그렇다면 무엇이든 일단 시도를 해 보십시오. 짝사랑하는 이에게 고백하든 싸운 이에게 화해를 요청하든 아니면 기존의 사업을 확장하거나 전혀 새로운 사업을 시작하든 해 보라는 겁니다.

단, 무엇을 하든 염두에 둬야 할 것이 있습니다. 《성경》에 "눈이 성하면 온몸이 밝을 것이요"라는 구절이 있지요. "들을 귀 있는 자는 복이 있다"는 구절도 있습니다. 여기서 눈이 성하다는 것, 들을 귀가 있다는 것은 전부 사실을 사실로 보고 사실을 사실로 듣는 것을 의미합니다.

사실은 하나고, 그래서 바꿀 수 없어요. 그러면 남는 것은 그에 대한 나의 생각입니다. 생각은 또한 크게 나누면 둘이지요. 하나는 긍정, 다른 하나는 부정입니다. 이때 긍정을 선택하면 아무 문제가 없습니다. 인생이 쉽고 밝아져요. 반면 사실을 사실로 못 보고 내 생각으로 바꾸려 들면 어때요? 또 사실을 인정하되 부정적인 생각으로 몰아가면 어떻겠습니까? 인생이 꼬이고 깜깜한 어둠 속으로만 치닫겠지요.

다시 말하면 사실을 사실로 보고 생각을 긍정의 방향으로 선택하는 것이 중요하다는 겁니다. 그럴 때 자신이 뭘 하고 싶은지, 뭘 잘할 수 있는지를 발견할 수 있습니다. 하고 싶은 게 너무 많아서 고민이라고요? 그러면 그중에서 지금 당장 할 수 있는 것부터 하세요. 일단은 그걸로 밀고 나가는 겁니다. 그러다 보면 정말 내 소질과 재능이 무엇인지 알게 돼요. 반면 하고 싶은 게 없어서 혹은 너무 많아서 헛갈린다는 핑계를 대고 아무것도 하지 않으면, 결국 죽을 때까지 내가 하고 싶은 일 하나 찾지 못하고 가게 됩니다.

하늘은 우리 모두에게 성한 눈과 들을 귀를 주셨습니다. 아주 공평하게요. 하지만 어떤 이는 그 눈과 귀를 용도에 맞게 잘 쓰는 반면, 어떤 이는 그렇게 하지 못하는 것뿐이지요. 마찬가지로 하늘은 우리가 무엇을 시도하든 78 아니 60퍼센트 정도는 잘 될 수 있는 가능성을 주셨어요. 이 또한 누구에게나 똑같은 조건이지만, 그 조건을 활용하는 게 사람마다 다릅니다.

그래서 인간 최고의 화두는 '하늘이 주신 축복과 나의 노력을 어떻게 결합할 것인가'에 대한 해답을 스스로 내리는 데 있는 게 아닌가 싶습니다. 기독교 식으로 얘기하면 은혜와 믿음의 문제라고 할까요? 그래요. 100퍼센트 축복(은혜)만으로 되는 것도 없고, 하늘의 축복과 무관하게 완전히 내 노력(믿음)만으로 되는 것도 없습니다. 그래서 교만해서도 안 되지만, 숙명론에 빠져도 안 되는 것입니다.

무엇이 사람의 일이고 하늘의 뜻인가

오늘 볼 말씀도 이 주제와 관련이 깊습니다. 다 같이 읽어 보겠습니다.

> 공문헌(公文軒)이 우사(右師, 관직 이름)를 지낸 적이 있는 사람을 보고 놀라면서 말했다. "어찌 된 일이오? 어찌 외발이 되었소? 그것이 하늘이 한 일이오, 사람이 한 일이오?"
> 우사를 지낸 이가 말했다. "하늘이 한 일이지 사람이 한 일은 아닙니다. 하늘이 나를 낳을 때 외발이 되게 했소. 사람의 모양이 본래 양다리이니, 이로 보아도 외발은 하늘이 한 일이지 사람이 한 일이 아닙니다."

우연찮게 《성경》에도 이와 흡사한 상황이 등장합니다. 〈요한복음〉 9장입니다. 1절부터 봅니다.

> 예수께서 가시다가, 날 때부터 눈먼 사람을 보셨다. 제자들이 예수께 물었다. "선생님, 이 사람이 눈먼 사람으로 태어난 것이, 누구의 죄 때문입니까? 이 사람의 죄입니까? 부모의 죄입니까?" 예수께서 대답하셨다. "이 사람이 죄를 지은

것도 아니요, 그의 부모가 죄를 지은 것도 아니다. 오직 하나님께서 하시는 일들을 그를 통해 드러내시려는 것이다."

장자에서는 외발인 우사를 보고 묻습니다. "당신이 그렇게 된 것은 하늘이 한 일인가 아니면 사람이 한 일인가"라고요. 또 《성경》에서는 날 때부터 소경인 자를 가리키며, '저 사람이 저리 된 것은 부모의 죄 때문인지 아니면 당사자의 죄 때문인지'를 예수에게 묻습니다. 표현이 좀 다를지언정 본질적으로는 같은 질문입니다.

여러분도 살면서 몇 번쯤은 이런 질문을 던져 봤을 거예요. 특히 고통스러운 일을 당할수록 이 질문이 간절해지지요. 하필이면 왜 내가 암에 걸린 것인지, 남들은 다 잘 사는데 나만 왜 이런 배우자를 만나 이혼까지 하게 된 건지 원망하잖아요. 그리고 생각하죠. 이 모든 일의 원인이 내게 있는 것인지 상대에게 있는 것인지 아니면 정녕 하늘의 뜻인지.

스스로는 쉽게 풀 수 없는 이 질문에 드디어 대답을 해 주는 사람이 나타납니다. 장자와 예수가 그 주인공이에요. 장자는 하늘의 뜻이라고 말하는 반면, 예수는 그것은 어느 누구의 죄 때문이 아니라 단지 하나님께서 하시는 일들을 그를 통해 드러내시려는 것이라고 합니다. 어떻습니까? 여러분은 이 둘의 차이가 느껴지나요?

기존의 틀을 뛰어넘는 다른 길이 있다

외발이나 소경으로 태어난 것이 하늘의 뜻이라는 장자의 말이, 단지 숙명론을 두둔하기 위해서는 아니리라 봅니다. 숙명론은 모든 걸 하늘에 맡긴다는 명목 아래, 정작 자신의 변화를 도모하지 않고 스스로를 책임지지 않으려는 안이하고 무력한 태도지요. 반면 장자가 말하는 바는, 이미 일어난 일에 대해서 누구 탓을 하기보다 그것을 하늘의 뜻으로 알고 그 안에서 수용할 건 수용하고 배울 건 배우라는 의미를 담고 있는 게 아닌가 싶습니다.

예수는 소경으로 태어난 것이 부모의 죄로 인한 것인지 당사자의 죄 때문인지를 묻는 질문에, 둘 다 참이 아니라 단지 하나님이 하시는 일을 나타내려 하심이라고 결론을 내리지요. 이는 남들이 전부 이게 옳은가 저게 옳은가 혹은 이게 그른가 저게 그른가 하고 다툴 때, 둘 다 아니라고 말하는 것과 같습니다. 제3의 길, 즉 여백을 발견하고 그것을 대안으로 제시한 거라고요. 장자의 말에 비유하면 뼈를 베는 단계와 살을 베는 단계를 거쳐, 마침내 뼈마디 사이의 틈 안에서 칼춤을 추게 된 포정의 경지라 할까요.

이러한 예수의 답은 장자가 그렇게 강조한, 이분법을 넘어선 초월의 길을 보여 줍니다. 삶에서 어려운 일을 당할 때는, 새로운 길을 찾으라는 신호로 보라는 말입니다. 사업하다 부도가 나든, 배우자가 외도를 하든, 아니면 몸이 갑자기 아프든, 누굴 탓하고 하늘을 원망하는 대신 '이 일을 통해 하늘이 전하려는 메시지가 무엇일까'를 성찰하고 인생 전환의 기회로 삼으라는 거예요.

내 죄를 묻고 부모의 죄를 묻는 것은 수평 이동입니다. 수평 이동만으로는 전체를 볼 수 없어요. 그러니 수직 이동, 차원 이동을 해야 한다는 얘깁니다. 요즘 말로 하면 뇌를 바꾸어서 이 세상 그리고 하늘과 전혀 새로운 방식으로 소통하라는 겁니다.

뇌에 새로운 수신기를 달라

우리 뇌는 일종의 수신기입니다. 좋은 수신기는 우주 운행의 원리와 생의 법칙들을 받아들여 그것을 내 삶에 적용하고 표현하지요. 반면 질이 떨어지는 수신기는 내게 정말 필요한 것들을 수신하지 못하고 엉뚱한 정보와 잡음만 받아들입니다. 그런 수신기로는 질 높은 삶을 살 수 없어요. 그래서 우리는 내가 지금 어떤 수신기를 달고 있는가를 늘 점검하고 업그레이드해야 하는 겁니다.

그런데 보통은 어릴 때 수신기의 종류가 결정돼요. 부모가 어떤 수신기를 달고 있는가에 따라 그것을 답습하는 경우가 많지요. 늘 불평하고 핑계를 대며 미루는 부모 아래서 자란 아이는 그대로 닮아 갑니다. 숙명론에 빠져 물고기가 새로 변화하는 것은 있을 수 없는 일이라고 믿는 부모의 자식은, 또한 그런 신념 체계를 가지고 살아가는 것이 보통입니다.

다만 인간에게 한 가지 희망이 있다면 수신기를 바꿀 수 있다는 것이죠. 개는 죽을 때까지 개 수준의 수신기를 그리고 풀 역시 제 생명이 다할 때까지 풀 수준의 수신기를 갖고 살지만, 인간은 의식의 변화와 성장을 이루는 게 가능하다는 말입니다.

좋은 수신기를 달려면 먼저 이것부터 인정해야 해요. 내가 변화하고 성장할 수 있다는 가능성을 알아주고 믿어야 한다고요. 나를 어떤 제한 안에 두지 말고, 그 선 바깥으로 나가서 나 자신과 이제까지와는 다르게 관계해야 한다는 겁니다. 다른 말로 하면 자아상을 새롭게 확립하고 셀프 이미지를 다시 구축하라는 거지요.

이 셀프 이미지에 대해 오래전에 들은 이야기가 하나 있습니다. 보통 개는 호랑이 털 냄새만 맡아도 오줌을 지린다고 하는데, 이 이야기에 등장하는 개는 오히려 호랑이를 잡습니다. 어떻게 개가 호랑이를 잡게 되었느냐, 그 사연이 재미있어요.

한 사냥꾼이 개를 새끼 때부터 데려다가 키웠어요. 개가 어느 정도 자라자, 사냥을 나갈 때마다 데리고 다니며 훈련을 시킵니다. 먼저 목표물로 삼은 짐승을 쫓게 해요. 그러고는 개가 그 짐승을 물면, 즉시 총을 쏴서 죽입니다. 그러니까 개가 짐승을 물면 빵 소리가 나면서 짐승이 쓰러지는 상황이 연출되는 거죠. 이런 일이 반복되면서 개에게는 아주 강력한 셀프 이미지가 형성됩니다. 사실은 주인이 총을 쏴서 죽인 거지만 개가 그걸 알 리 없잖아요. 어떤 짐승이든 자기가 무는 족족 죽으니 두려움 없는 뇌로 바뀐 겁니다. 그러던 어느 날, 마침내 호랑이를 만나요. 개는 여느 때와 마찬가지로 호랑이에게 달려들었고, 사냥꾼은 총을 쏴서 호랑이를 죽였지요. 그래서 그날 이후 호랑이 잡는 개로 소문이 나게 되었다는 이야기입니다.

두려움 없는 뇌라니, 정말 대단하지 않습니까? 하물며 개도 셀프 이미지에 따라 이렇게 달라지는데 사람은 어떻겠어요? 셀프 이미지가 중요한 이유는, 결국 자기가 믿는 대로 되기 때문입니다. 한 예로 어느 환자가 실험용 시약으로 치료받기 시작하면서 병이 눈에 띄게 호전되었습니다. 그런데 그 환자가 어느 날 신문을 뒤적이다가, 다른 나라에서 자기에게 투여한 것과 똑같은 약을 써서 실험을 했는데 효과가 없어 폐기했다는 기사를 보게 됩니다. 이후 그 환자의 병은 다시 악화되고 말았죠. 그 기사를 읽고 더는 약을 믿지 못하게 된 것이 원인이라 하겠습니다.

나는 하늘의 뜻을 드러내는 메신저

앞서 본 〈요한복음〉 9장의 말씀을 계속해서 읽어 보면, 믿는 대로 되어 간다는 것이 무슨 의미인지가 구체적으로 드러납니다.

(…) 예수께서 땅에 침을 뱉고, 그것으로 진흙을 개어 그(소경)의 눈에 바르신 후, 실로암 못으로 가서 씻으라고 말씀하셨다. 그 사람이 가서 씻고, 눈이 밝아져서 돌아갔다.

예수가 실로암 못에 가서 씻으라 하니 소경이 그렇게 합니다. 이게 믿음이에요. 상대가 먼저 뭘 보여 주고 증명해야 믿는 게 아니라, 일단 믿고 보는 겁니다. see and come, 즉 내게 뭔가 확실한 증표를 보여 줘야 가겠다고 한다면 그건 장사꾼의 논리죠. 반면 come and see, 내가 가서 무엇이 일어나는지 보겠다는 것은 영성가의 태도입니다. 《성경》에는 이처럼 자신의 믿음에 의해 낫는 환자 이야기가 많이 나옵니다. 일종의 상징이죠. 본인을 낫게 하는 것은 결국 자신임을, 이런 상징과 비유를 통해 드러내는 겁니다.

그렇다고 믿음만으로 과연 모든 것이 이루어질까요? 예수가 그날 그때 소경 앞에 나타나는 은혜가 없었다면 소경은 과연 눈을 뜰 수 있었을까요? 이 세상엔 내 노력만으로 안 되는 것이 분명 있습니다. 운과 은혜만으로도 안 되는 일이 있는 것처럼 말입니다. 그러니 결론은 운과 노력이, 은혜와 믿음이 만나야 하는 거지요. 다른 말로 하면 자연과 인위의 조화고, 여기나없이있음과 이곳나되어감의 통합입니다. 그 순간 엄청난 변화가 일어나고 기적이 일어납니다.

그런데 운은 내가 어떻게 할 수 없잖아요. 그것은 하늘이 주시는 선물이므로 하늘에 맡겨야 합니다. 대신 나는 할 일을 하면 돼요. 그건 바로 자신을 믿고 노력하는 것입니다. 나에게 닥치는 모든 일이 하나님의 뜻을 드러내기 위함이라는 의식을 갖고, 즉 그런 수신기를 달고 할 수 있는 일을 찾아 하면 그뿐입니다. 이렇게 사는 이에게는 포기가 없고 좌절이 없어요. 불평불만도 없지요. 남 탓을 하거나 변명을 하지도 않습니다.

역사에서 이름을 날린 위대한 인물들은 바로 이런 점에서 동일합니다. 하늘이 준 자신의 가능성을 믿고 시련을 극복해 갑니다. 자기 앞에 닥친 운명을 받아들이되, 그 속에서 가장 합당한 길을 택함으로써 하나님이 하시는 일을 나타내는 데 충실하지요. 신기하게도 그런 사람에게는 운이 따르고 은혜가 곱절이 됩니다. 왜 그럴까요? 나를 이 땅에 보낸 신(神), 우주의 뜻을 자신을 통해 실현하려 하기 때문이 아닐까요?

믿고 행하는 자에게 축복을

지난 시간에 이어 오늘도 양생(養生), 신나고 재미있고 활기차게 사는 법에 대해 살펴보았습니다. 이에 대해 장자는, 인간의 의도를 넘어서는 하늘의 이치가 있음을 알고 그 순리대로 살아가는 것을 하나의 방편으로 제시합니다.

한편 예수는 그마저도 넘어서는, 제3의 길을 보여 주지요. 그것은 바로 내게 닥치는 모든 일을, 누구의 공도 누구의 탓도 아닌, 다만 하늘의 뜻을 나타내려 일어난 일로 해석하는 것입니다. 그러면 어려움이 닥치든 큰 성공을 거두든, 그에 새겨진 하늘의 뜻을 읽고 다시 그 자리에서 시작하는 것이 가능합니다.

그러니 여러분은 모두 자신이 하늘의 메신저임을 알고, 또한 '78 대 22'라는 우주의 법칙을 믿고, 어떤 변화든 두려움 없이 맞이하십시오. 그러면 하늘이 준비해 둔 놀라운 선물이 여러분에게 주어질 것입니다.

오늘은 여기까지 합니다. 고맙습니다.

9강 인간세 – 비움에 대하여

밥을 굶을까, 마음을 굶길까

심재의 도로
마음을 물들이다

반딧불이 한 마리가 별들을 해할 수 있는가.
한 줄기 불꽃과 연기가 바람에 짐이 되겠는가.
그대는 영혼의 고요한 호수를
지팡이 하나로 휘저을 수 있다고 생각하는가.

칼릴 지브란의 《예언자》 중에서

삶은 형식이라는 OS와 내용이라는 IA의 통합

한 남자가 조급하게 무언가를 쫓고 있습니다. 그를 붙들고 묻습니다. 대체 어딜 그리 급히 가는 겁니까? 잡으러 갑니다. 뭘요? 내 삶이요. 삶을 잡아야 한다고요. 언제 그걸 놓쳤는데요? 모르겠습니다. 아주 오래전부터 계속 뒤쫓고 있다는 것밖에는 기억이 나질 않아요. 어쨌든 나는 기어코 그것을 잡고야 말 겁니다.

또 한 사람이 있습니다. 땅바닥에 쭈그리고 앉아 뭔가를 열심히 찾고 있습니다. 다가가서 묻습니다. 여기서 뭐하시는 겁니까? 잃어버린 삶을 찾고 있습니다. 언제 잃어버렸는데요? 이 자리에서 잃어버린 게 확실합니까? 사실은 저도 그게 가물가물합니다. 초등학교 때 엄마한테 혼나다가 잃어버린 것도 같고, 사춘기 시절 방황하다가 잃어버린 것도 같고, 취업에 실패했을 때 잃어버린 것 같기도 하고. 아무튼 나는 그것을 꼭 찾아야 합니다.

여러분 중에도 혹시 이렇게 사는 분이 있는 건 아닌지요. 열심히 산다고 살았는데 돌아보니 삶은 온 데 간 데 없고 일과 술과 잠과 공허함만 남은 건 아니냐는 말입니다. 그러나 삶은 쫓아가 잡을 수도, 뒤적여 찾을 수도 없습니다. 애당초 잃어버릴 수가 없기 때문이지요. 삶은 늘 우리 곁에서 우리와 함께합니다. 내가 걷는 왼발과 오른발에, 내가 쉬는 들숨과 날숨 속에 있다고요. 아니, 그 자체가 삶입니다. 다만 그걸 알지 못한 채 살기 때문에 삶이 어디론가 도망갔다고, 삶을 잃어버렸다고 생각하는 것뿐입니다.

그러면 내 곁에 있지만 알 수 없는 그 삶을 어떻게 만나야 하느냐, 장자는 그 비결을 일러 '심재'라는 말로 설명합니다. 심재(心齋). 마음을 굶겨야 한다는 뜻이에요. 참 심오하지요?

강의를 하기 전에 먼저 지금까지 강의한 내용의 흐름을 정리해 볼까 합니다. 《장자》 1편은 〈소요유(逍遙遊)〉입니다. 이는 장자가 가장 중요하게 생각한 것이 삶의 자유고 해방임을 보여줍니다. 그렇다면 가장 자유로운 것이 뭘까요. '없이있는' 거죠. 영(靈)이고 공(空)입니다. 내 존재가 본래 이렇다는 것을 깨달으면 누가 나를, 세상이 나를 어떻게 할 수 없어요. 나는 옳고 그름을 초월하여 전체를 보는 밝음을 지닌 자입니다. 물고기가 새가 되어 날아가듯, 의식의 차원 이동을 이룬 사람이라고요. 그래서 어떤 장애에도, 차이와 차별에도 걸림 없이, 부딪힘 없이 삶을 즐길 수 있습니다. 1편과 더불어 2편 〈제물론(齊物論)〉은 바로 이런 내용들을 다루고 있지요.

1·2편의 주제가 의식의 차원과 존재론이라면, 3편부터는 삶의 구체적인 방법론을 주제로 삼습니다. 먼저 3편 〈양생주(養生主)〉에서는 디자이어를 실현함으로써 가슴 뛰는 삶, 활기 넘치고 신나는 살아 있는 삶을 살라고 권합니다. 4편 〈인간세(人間世)〉에서는 사람 사는 세상이 무엇이고 어떻게 살아가야 하는지에 대

해, 5편 〈덕충부(德充符)〉에서는 덕을 쌓는 방법에 대해, 또 6편 〈대종사(大宗師)〉와 7편 〈응제왕(應帝王)〉에서는 참스승과 왕이란 누구인가에 대해 밝혀 주고 있지요.

1·2편은 새로운 시스템을 장착하는 OS(Operating System)고, 나머지는 그 시스템을 현실에 통합적으로 적용하는 IA(Integral Application)라 할 수 있습니다. 결국 장자도 여기나없이있음과 이곳나되어감을 이야기하고 있는 겁니다. 그럴 수밖에 없는 것이, 삶이란 늘 그 둘의 통합이기 때문이지요.

오늘 볼 본문 말씀은 4편 〈인간세〉에 실린 글입니다. 사람 사는 세상이라는 뜻인데, 그게 과연 어떤 모습과 색깔과 향기일까요? 제가 보기엔 한마디로 정답이 없다는 게 답이 아닌가 싶습니다. 고정된 것이 없다는 거지요. 그러므로 끊임없이 답을 바꿔 나갈 때만이 사람 사는 세상을 누릴 수 있다는 것입니다. 장자는 그 핵심으로 마음을 굶기는, 즉 생각을 끝나게 하는 심재를 강조합니다.

생각으로 구원을 바라지 말라

장자는 이 심재를, 안회와 공자가 대화하는 형식으로 풀어내고 있습니다. 안회는 공자의 제일가는 제자이죠. 그러나 이 형식에는 크게 신경 쓸 필요가 없습니다. 내 안에서의 대화라고 보면 돼요. 여기나없이있음의 존재와(공자), 이곳나되어감으로 나타난 나(안회)의 대화로 보면 된다는 거지요.

둘의 대화는 안회가 위(衛)나라로 여행을 가겠다고 공자에게 허락을 청하는 것으로 시작됩니다. 공자가 목적을 물으니 안회가 대답합니다. "위나라 임금이 제멋대로 권력을 남용하면서도 제 허물을 몰라 백성들이 고통을 당하고 있습니다." 다시 말해 안회는 위나라에 가서 도를 전하길 원하는 겁니다. 포악한 왕과, 그 밑에서 고통을 당하는 백성을 모두 구제하고 싶은 거예요. 이를 내면에 비추어 보면 위나라는 상처, 즉 어릴 때 당한 안 좋은 기억이나 현재 겪고 있는 힘든 일로 봐도 좋겠습니다. 그러니까 안회가 위나라로 가겠다는 건 바깥세상과 내면의 상처를 동시에 치유하겠다는 의미가 되지요.

그런데 공자가 이를 반대합니다. 본문 말씀을 발췌한 것을 보면서 그 이유를 자세히 살피도록 하겠습니다.

아! 가지 마라. 거기 가면 아마도 형벌이나 받을 것이다. 무릇 도를 뒤섞어서는 안 된다. (중략) 옛 지인(至人, 참사람)들은 먼저 스스로 도를 굳힌 뒤에 남을 도왔다. 자기 하나 확실히 갖추지 못하고서 어떻게 포악한 자의 행위에 간여할 수 있겠느냐?

더구나, 너는 덕이 어떻게 사라지고, 지모(智謀)가 어디서 생기는지 아느냐? 덕은 명성을 추구하다 사라지고, 지모는 경쟁에서 이기려고 하는 데서 생긴다. (중략)

억지로 인의(仁義)니 법도니 하는 말을 포악한 사람 앞에서 뽐낸다면 남의 못됨을 이용하여 자기 잘남을 드러내려 하는 것이니, 이를 일러 남을 해치는 것이라 한다. 남을 해치면 자신도 반드시 해침을 받는 법이니, 남들이 너를 해칠까 걱정이구나.

또 위나라 임금이 정말로 진실로 현인을 좋아하고 못난 사람을 싫어한다면, 어찌 굳이 너를 써서 남다름을 구하겠느냐? (중략) 이것은 불로 불을 끄고, 물로 물을 막으려는 것. 이를 일러 군더더기라고 하지. (중략) 너를 믿어 주지도 않는 사람에게 변치 않고 간하다가는 반드시 그 포악한 사람의 손에 죽을 것이다.

명예와 실리의 추구는 성인도 물리칠 수 없는데 네가 어찌 물리치겠느냐. 그러나 너에게도 가겠다는 까닭이 있을 터이니 어디 한번 말해 보아라.

공자의 말을 종합해 보면, 네 생각으로는 그 나라를 구할 수도, 내면의 상처도 치유할 수 없다는 겁니다. 참사람은 스스로 도를 구한 뒤에 남을 구했는데, 네가 과연 참사람의 수준이 되느냐 이거지요. 이렇게도 덧붙입니다. 덕은 이름을 내려는 데서 녹아 없어지고, 못된 앎은 서로 경쟁해서 생긴다. 즉, 도가 두터워도 잠시 잠깐 사이에 녹아내릴 수 있고 못된 앎을 지닐 수 있다는 거죠. 스스로 좀 깨달았다고 생각하는 사람은, 이제는 사는데 아무 문제가 없을 것 같아 바깥세상에 나가는데 그게 아닙니다. 아직도 장애물 천지예요. 직장 상사는 여전히 나를 못 살게 굴고, 동료들은 불친절합니다. 심지어 가족들까지 변한 내 모습을 쉽게 받아들이지 못해요. 오히려 이상해졌다고 시비를 걸지요. 그때 깨어나기 이전의 나로 돌아가고픈 유혹을 느껴요. 화를 내고 싶죠. 그리고 나를 알아주지 않는 저들이, 이 세상이 나를 화나게 했다고 그 탓을 돌리고 싶습니다.

조금 깨어난 것으로 세상을 살려 하면, 한 번 깨어난 것이 깨어남의 끝인 줄 알면 이렇게 됩니다. 그러니 작은 것을 얻고서 잘난 척하면 안 돼요. 그나마 쌓은 것마저 무너지기 십상이지요. 그리고 한 번 무너지기 시작하면 세상에 먹히는 건 시간문제입니다.

오직 존재에 귀 기울이라

그러나 안회도 쉽게 물러서지 않고, 자기 생각을 내세우며 주장합니다.

"태도를 단정하고 겸허하게 하며, 애를 쓰면서도 한결같으면 되겠습니까?"

"안 되지. 그런다고 어찌 될 것 같으냐? (중략) 겉으로는 네 말을 듣는 척할지 모르지만, 속으로는 거들떠보지도 않을 텐데 무슨 일이 되겠느냐?"

"그러면 제가 속으로는 곧게 하면서 겉으로는 굽히고, 또 의견을 말하더라도 반드시 옛사람에 빗대어 하겠습니다. (중략)

겉으로 굽힌다는 것은 사람들과 함께한다는 것이니, 손을 높이 들고, 무릎을 꿇고, 허리를 굽혀 절하는 것은 남의 신하 된 자의 예절입니다. 사람들이 모두 그렇게 하는데, 저라고 어찌 그러지 않을 수 있겠습니까? 남이 하는 대로 하면 사람들이 저를 어쩌지 않을 것입니다.

제 의견을 말하되 옛사람에 빗대어 말하는 것은, 제가 가르치고 꾸짖더라도 그것은 제가 하는 말이 아니라 옛사람이

하는 말이 됩니다. 이렇게 하면 아무리 직언을 하더라도 큰일 날 일이 없을 것입니다. 이렇게 하면 되겠습니까?"
공자가 대답했습니다. "안 되지. 그렇게 해서 될 것 같으냐? 꾸밈이 너무 많아 좋지 않다. 벌은 면하겠지만, 그저 그뿐이지. 그것으로 어떻게 사람을 변화시킬 수 있겠느냐? 아직도 너는 너의 그 변하지 않는 보통의 마음을 스승처럼 떠받들고 있구나."

안회가 어떻게 말하든 공자는 안 된다고 합니다. 아직 네 실력이 부족하다는 것을 계속 지적하고 있어요. 그러면서 한마디 하지요. "너는 너의 그 변하지 않는 보통의 마음을 스승처럼 떠받들고 있구나." 여전히 에고와 생각에 의지해 끌려다니고 있음을 일컫는 것입니다. 그러자 안회가 드디어 무릎을 꿇지요.

"저로서는 이제 더 생각해 낼 도리가 없습니다. 부디 방법을 가르쳐 주십시오."

안회는 여태까지 스승에게 묻지 않았어요. 내가 이렇게 하겠다는, 자기 생각만 이야기했지요. 그러다 이제 생각해 낼 도리가 없다고, 즉 내 생각이 끝났다고 고백을 합니다. 어떤 생각도 먹히지 않으니, 그제야 스승에게 맡기는 겁니다.
내 생각을 놓을 때 비로소 존재가 드러나지요. 그다음부터는 존재가 나를 이끌어 갑니다. 그러므로 뭔가를 잘하고 싶으면 생각으로 시작하지 마세요. 생각이 앞서면 굴리고 계산하고 복잡해집니다. 눈에 보이는 이 세계 너머에서는 이미 다 이루어져 있잖아요. 그러니 존재를 믿고 안내를 따르면 된다 이 말입니다.

다른 사람을 상대할 때도 마찬가지입니다. 일단 그의 말을 잘 들어야 해요. 그래야 더 좋은 생각을 만날 수 있고, 내 편으로 만들고 설득할 수도 있습니다. 그런데 보통은 내 생각으로 할 말 다 준비해서 만나죠? 이런 사람은 자기 얘기만 하다가 옵니다. 그러니 누가 좋아합니까? 내가 말을 잘하면 상대가 넘어올 것 같지만 절대로 안 그래요. 오히려 사람은 자기 말을 잘 들어주는 이에게 마음을 빼앗기고 감동하고 설득당합니다. 그러니 중요한 일일수록 존재의 목소리에 귀 기울이고, 상대의 말을 경청해야 해요.

꽉 차 있는 마음이 곧 에고다

안회가 방법을 묻자 마침내 공자가 대답합니다.

> 공자가 말했습니다. "마음을 재(齋)하라. 마음을 그냥 가지면서 한다면, 쉽게 될 수 있겠느냐?"
> "저는 집안이 가난하여 술도 못 마시고, 마늘과 고기를 먹은 지도 여러 달 되었습니다. 이 경우 재라 할 수 있지 않겠습니까?"
> "그런 것은 제사 때의 재[祭祀之齋]지, 마음의 재가 아니다."

마음을 그냥 가지면서 한다면 쉽게 될 수 있겠느냐는 것은, 네 생각대로 하려 들면 문제를 해결할 수 없다는 뜻입니다. 그러니 생각을 놓고 마음을 비워야 한다는 거지요. 이때 안회가 또 생각을 앞세워 주장을 폅니다. 아직도 에고를 완전히 놓지 못했다는 증거죠. 수련을 좀 해서 화날 일 없는 세계를 보고서도, 세상에 나가면 화나고 짜증 나는 일이 터지잖아요. 그런 겁니다. 한 번 존재에게 나를 맡겼다고 해서 그게 지속되는 건 아니에요. 에고는 언제든 자기가 주인 될 기회를 호시탐탐 노립니다.

그 에고가 뭐라고 합니까? 여러 달 동안 술도 못 마시고 좋은 음식도 못 먹었다고 하지요. 이 대목에서 저는 수련 중에 만난 어떤 분이 떠올랐어요. 여자분인데, 시동생을 위해서 40일간 금식기도를 했대요. 사업 잘되게 해 달라고 남편과 둘이 굶었다는 거지요. 그런데 시동생 사업이 망해서 본인들에게도 피해가 오니까 이제는 소리 안 나는 총이 있으면 쏴 죽이고 싶을 만큼 밉답니다. 금식기도 할 때는 언제고, 이제는 죽이고 싶다는 거죠.

여러분은 지금 기막히다는 듯 웃지만, 따지고 보면 우리 마음이 다 이렇지 않나요? 뭔가를 기대했다가 그게 뜻대로 안 되면 분노하잖아요. 사실을 못 보고 자기 생각에 갇혀 살면 이렇게 됩니다. 미쳐 가는 거지요. 정말 시동생을 위해서 기도했다면, 사업이 망하든 흥하든 뭔 상관입니까? 결과에 상관없이 사랑하고 이해해야지, 왜 미워하고 분노합니까? 그 사람은 애초에 시동생을 위해 기도한 게 아니라, 자기의 이익을 바란 것뿐이에요. 그것이 생각대로 안 되니까 상대가 배신자로 전락하고 나쁜 놈이 되는 거죠. 가만 보면 우리 사는 게 다 이렇습니다. 생각에 의해 상처를 주고, 상처를 받아요.

장자는 이게 다 심재가 안 되어서, 즉 마음을 비우지 못해서 그렇다고 봅니다. 안회의 말에 공자가 그러잖아요. "밥 굶어서 무엇 하냐, 마음을 굶겨야지." 예수도 바리새인들로부터 안식일을 안 지킨다고, 금식기도 안 한다고 공격받을 때 그랬습니다. "너희는 너희의 의로 가득 차 있어 내가 들어갈 자리가 없다"고. 그래요. 자기를 내세우는 이들을 보면 나는 옳다, 바르다, 정의롭다는 생각으로 마음이 꽉 차 있지요. 그래서 정작 하늘이 들어갈 자리가 없습니다. 에고에 의해 존재를 발견할 길이 사라진 것입니다.

심재를 이루는 세 가지 비결

스승이 지적하니, 이제 안회도 어쩔 수 없는지 부디 마음의 재가 무엇인지 알려 달라며 고개를 숙입니다. 비로소 자기를 완전히 내려놓은 거예요. 공자가 말합니다.

> "먼저 마음을 하나로 모아라. 귀로 듣지 말고, 마음으로 들어라. 다음엔 마음으로 듣지 말고, 기(氣)로 들어라. 귀는 고작 소리를 들을 뿐이고, 마음은 사물을 인식할 뿐이지만 기는 텅 비어서 무엇이든 받아들인다. 도(道)는 오로지 빈[虛] 곳에만 있는 것이니, 이렇게 비움이 곧 심재(心齋)이니라."

공자가 마음을 비우는 방법에 대해 알려 줍니다. 그 첫째가 마음을 하나로 모으는 것이에요. 즉, one mind입니다. 여기서 원은 하나이지요. 하나는 존재이기도 하고, 사실을 의미하기도 합니다. 다시 말해 마음을 에고가 아닌 존재로 향하게 하라는 뜻도 되고, 사실을 있는 그대로 보라는 뜻도 돼요.

사실은 하나여서 바꿀 수 없습니다. 반면 생각은 바꿀 수 있지요. 문제는 우리가 바꿀 수 있는 생각은 놔두고, 바꿀 수 없는 사실을 어떻게 해 보려고 할 때 생깁니다. 그래서 《성경》은 이렇게 말했어요. 눈이 성하면 온몸이 밝을 것이라고요. 이 말은 사실을 사실 그대로 보는 눈을 가지면 빛이 임한다는 거지요. 내 생각과 인식의 색안경을 벗고 보면 세상이 있는 그대로 온전한, 밝은 빛이라는 겁니다.

한 가지 덧붙이면, 저는 마음을 하나로 모으라고 할 때 그 하나를 내가 지금 몰입해서 할 수 있는 '그것'으로도 봅니다. 요즘은 혈액이나 소변만 검사해도 웬만한 몸 상태를 알 수 있지요. 부분에 전체가 담겨 있기에, 부분으로 전체를 알아낼 수 있는 겁니다. 그러므로 우리도 전체를 알 수 있고 전체를 획득할 수 있는 자기만의 그 하나를 가져야 한다는 거예요. 그 하나가 있는 사람과 없는 사람은 삶의 질에서 엄청나게 다릅니다. 자기의 소질과 재능을 발견하여 전공으로 삼은 사람과 그렇지 못한 사람, 산 정상에 오른 사람과 그렇지 못한 사람의 차이와 같다고 할까요.

이어서 공자가 심재를 이루기 위한 두 번째 방법으로 제시한 것은 귀로 듣지 말고 마음으로 들으라는 것입니다. 이를 저는 "잘 보고 합니다" "잘 듣고 합니다"고 가르칩니다. 단순히 소리를 듣는 것은 한자로 청(聽)이라 합니다. 청의 수준으로는 소리는 듣되, 그 소리에 담긴 뜻은 못 들어요. 오직 문(聞)의 수준에 이른 사람만이 소리에 내재한 의미를 듣고 파악합니다. 보는 것도 마찬가지입니다. 볼 시(視) 자와 견(見) 자는 다르죠. 모양만 보는 수준과 그에 내재한 뜻을 읽는 수준의 차이가 그 속에 들어 있습니다.

여기서 공자가 마음으로 들으라는 것은 견문(見聞)을 의미해요. 그 수준으로 올라서라는 거지요. 그런데 견문 수준에 도달하려면 우선 시청(視聽)을 잘해야 합니다. 문제는 많은 사람이 시청도 잘 못한다는 데 있어요. 들리는 소리 그대로를 안 듣고, 보이는 그대로를 안 본다는 말입니다. 왜 그럴까요? 자기 생각이 앞서서지요. 그러므로 심재를 이루려면 생각에서 벗어나 소리를 있는 그대로, 사물을 있는 그대로 듣고 보는 것에서부터 시작해 차차 견문으로 나아가야 합니다.

이제 심재를 이루는 마지막 비결입니다. 공자는 마음으로 듣지 말고 기(氣)로 들으라고 합니다. 기는 텅 비어서 무엇이든 받아들이려 기다린다고 하지요. 그래요. 기는 에너지이므로 없이 있습니다. 안 보이고 안 들려요. 만질 수도 없지만 존재하지요. 텅 빔으로 가득 차 있기에 무엇이 들어와도 걸림이 없습니다. 부딪힘도 없습니다. 그래서 도가 자리할 수 있는 거예요.

도는 곧 길과 같습니다. 다른 무언가로 꽉 차 있으면 결코 길이 생길 수가 없어요. 비어 있어야만 그곳이 길이 되지요. 나를 비난하는 것이든, 욕을 하고 해하는 것이든, 무엇이나 다 통과할 수 있는 길이 내 안에 생길 때, 그 사람을 비로소 도인이라 할 수 있는 것입니다.

도는 텅 빈 곳에만 자리할 수 있다

내가 올바르고 맞다는 생각으로 가득 차 있을 때, 그의 마음에는 도가 들어설 자리가 없습니다. 심재는 바로 그걸 의미하는 거예요. 내 생각대로 세상을 만들려고 하는 자체가 단지 자기를 알리려는 에고의 의도라는 거지요. 명분이 아무리 근사해도 스스로 마음을 비워 에고를 사라지게 하지 못하면 도가 아니라는 겁니다.

계속 이어지는 대화를 통해, 공자는 심재를 이루었을 때, 즉 마음을 비워 더는 나라는 것이 존재하지 않는 것처럼 되었을 때 어떤 결과가 나타나는지를 제자 안회에게 알려 줍니다. 그중 일부를 옮겨 보면 이렇습니다.

저 빈 것을 보라.
텅 빈 방이 뿜어내는 흰빛.
행복은 고요함에 머무는 것.
머무르지 못하면
이를 일러 '앉아서 달림[坐馳]'이라 하느니.

핵심만 이야기하겠습니다. 텅 빈 방이 뿜어내는 흰빛이란 생각이 끝나는 자리에서 하늘이 시작되는 것을 의미합니다. 여기서 하늘은 창조적 지성, 즉 참된 지혜를 뜻하지요. 그러니까 마음을 굶기고 비우는 심재를 통해 창조적인 지성, 참된 지혜를 발휘하여 하늘의 뜻, 도를 실현해 나갈 수 있음을 말합니다.

반면 생각을 끝내지 못하는 사람은 생각 비만에 걸리고 맙니다. 생각은 생각을 먹고 살기 때문이지요. 이런 사람의 내면은 생각으로 가득 차 있어 좌치(坐馳), 즉 말이 달리는 것과 같이 시끄럽고 분주합니다. 또한 밖으로는 세상과 관계를 못합니다. 자기 생각으로 딱딱하게 굳어, 즉 고집을 피워 그 무엇과도 통하지 못하는 불통(不通) 상태에 빠지고 마는 것입니다. 고집은 불통입니다. 고집불통.

우리가 이 땅에 온 것은 소통하고 관계하기 위함이지요. 자신과 부모와, 이웃과 문화와 역사와, 그리고 일과 회사와 자연과 통하고 또 통해서, 그 궁극인 도통을 하기 위해 온 것이라고요. 그런데 평생을 고집불통으로 살다 가면 되겠습니까? 그 고집들, 딱딱하게 굳은 생각들의 고리를 끊어 내기 위해 저는 물음을 던져 줍니다. "화가 날 일입니까?" "나는 누구입니까?" 등을 몇백, 몇천 번 반복하게 함으로써 생각이 끼어들 여지를 주지 않는 겁니다. 일종의 생각 단식이지요. 심재입니다.

이 물음에 더해 제가 제안하는 또 하나의 생각 끊기 방법이 있습니다. 바로 무엇이든 몸과 마음을 '다해서' 하는 것입니다. 수련을 해 본 이들은 알 거예요. 내가 힘을 다해 마음을 다해 뜻을 다해 웃고 우는 순간 생각이 끊긴다는 것을 말입니다. 가부좌 틀고 앉아 있는 것만 명상이 아니에요. 뭐든 전심전력을 다하다 보면 생각이 끊기고 내가 사라지는 경지에 도달하게 되는데, 그것이 곧 명상입니다. 그렇다면 내가 일상 속에서 지금 하는 일에 전심전력함으로써, 생각 너머 심재의 경지에 진입하여 도를 실천할 수 있지 않겠습니까?

나와 세상은 함께 아름다워진다

자유자재로 흐르는 유연한 생각, 집착도 욕심도 없는 텅 빈 마음이 빛을 끌어들입니다. 그 빛을 받으면 좋은 마음이 생기고, 좋은 마음에서 좋은 생각이 나오지요. 그리고 좋은 생각은 또한 좋은 일을 만들어 냅니다. 그 일을 내 분수껏, 그러나 힘과 마음을 다해 정성껏 하다 보면 또한 생각과 마음이 밝은 빛으로 가득 차고요. 내 안에 이런 선순환 구조를 확립하는 비결을 한마디로 표현한 말이 '허실생백 길상지지(虛室生白 吉祥止止, 텅 빈 방이 밝으며, 그곳에 행복이 머문다)'입니다. 그러고 보면 심재야말로 삶을 지혜롭고 기쁘게 사는 최고의 도요, 처세술이라 해도 되지 않을까요.

우리가 불행한 이유는 내 안에 그런 구조를 만들지 못해서입니다. 스스로 빛과 좋은 마음과 좋은 생각과 좋은 일을 탄생시키지 못하면, 외부의 조건에 의존하고 기대하기 마련이지요. 그런데 기대와 의존은 필연적으로 분노와 실망과 좌절을 낳게 돼 있습니다. 부정적인 감정과 생각은 또 계속해서 그것들을 양산하고요. 선순환과 반대되는 악순환이 이렇게 해서 이루어지는 것입니다.

그러므로 부디 생각의 독재 아래 묶인 마음을 해방시키십시오. 나를 생각에 가두어 옴짝달싹 못하게 하는, 독재 중에서도 아주 극악무도한 독재로부터 벗어나라는 말입니다. 그 방법으로 장자가 알려 준 심재를 무기 삼아, 비우고 또 비우세요. 그 텅 빈 공간에 무엇이든 자유롭게 오가게 하십시오. 그러면 어느 순간 하늘이 펼쳐지면서 빛이 내려올 것입니다. 바로 지혜의 빛, 행복의 빛입니다. 그 빛을 받는 이가 한 사람 한 사람 늘 때마다, 이 세상 또한 조금씩 더 밝아지고 환해질 것입니다. 나와 세상은 그렇게 함께 아름다워집니다.

오늘은 이것으로 마치겠습니다. 고맙습니다.

10강 덕충부 – 덕에 대하여

마음을 보라는데, 몸 밖은 왜 쳐다보는가

군더더기 없이, 오직
배려하고 친절하라

그대가 끝가지 움켜쥘 수 있는 것이 있는가.
가지고 있는 모든 것은 언젠가는 다 내주어야 한다.
그러니 지금 주라.
뒤를 이을 아이들에게 말고,
지금 그대의 시대에 주라.

칼릴 지브란의 《예언자》 중에서

도망갈 것인가, 성장할 것인가

저는 매일 5시 30분에 일어나 명상과 헬스 운동 그리고 냉·온욕으로 하루를 엽니다. 그것이 저의 아침 의식이에요. 오늘도 명상과 운동을 마친 후 냉·온욕을 하러 갔는데, 목욕탕 주인이 웬일로 말을 건넵니다. 양말이 짝짝이네요, 나올 때 바쁘셨나 봐요. 그 말에 저는 허허 웃으며, 알려 줘 고맙다고 했지요. 사실은 일부러 그렇게 신은 것이지만, 나이 드신 분이라 솔직히 말하면 당황하실 것 같아서요.

요즘 아이들 양말 신는 것 보셨습니까? 일부러 짝짝이로 신어요. 저도 제가 운영하고 있는 대안학교 '레드 스쿨(여기서 RED는 Revolution, Enthusiasm, Desire의 약자입니다)' 아이들에게서 배운 겁니다. 어느 날 보니 한쪽은 노랑인데 다른 쪽은 빨강을 신고 있어요. 그래서 왜 그렇게 신었느냐고 물었더니 양말이 그렇게 나온답니다. 우리 때는 왼쪽 오른쪽의 모양과 디자인과 색깔이 딱 맞아야 그게 짝이 되었는데, 지금은 오히려 다른 것끼리 짝을 이루는 겁니다. 그게 자연스러운 시대가 된 것이지요.

제가 볼 때 지금은 이종 결합의 시대고 융합의 시대여서 일상에도 그런 흐름이 반영된 게 아닌가 싶습니다. 서로 다른 것들이 만나, 더 새로워지고 더 큰 시너지를 만들어 내는 시대라는 거지요. 아니, 시대를 불문하고 이 지구별 자체가 상대세계라서 우리는 다른 것을 만날 수밖에 없습니다. 그럴 때만이 자신과 상대를 깊이 이해하는 게 가능해요. 이 지구에 홀로 있을 수 있는 것은 아무것도 없기 때문이죠.

혼자서는 나 자신을 볼 수 없습니다. 상대를 통해 비춰 봐야 해요. 내 생각이 옳은지 그른지도 상대의 생각에 비춰 봐야 합니다. 종교도 그렇습니다. 이 종교와 저 종교가 서로 상대를 하고 소통을 해야 해요. 지금 많은 종교가 자기만의 생각과 경험만 강요하게 된 이유는 다른 종교를 안 만나기 때문이에요. 그러니 대다수 종교가 진리와는 상관없는 이데올로기로 변질된 것 아니겠습니까?

문화든 종교든, 아니면 사소한 습관조차도 서로 다른 것들이 만나면 충돌이 일어납니다. 그때 보일 수 있는 반응은 두 가지예요. 하나는 상처받고 도망가는 것이고, 다른 하나는 내 생각 밖으로 나가는 것이지요. 전자의 반응을 취하는 사람은 평생 그렇게 도망가면서 삽니다. 반면 후자를 선택한 사람은 새로운 것, 나와 다른 것을 받아들여 융합을 꾀합니다.

사람은 이 융합을 통해 자신에게 부족한 것을 알고 채워 성장하지요. 그러니 나와 생각이 다른 사람을 만나면 피하거나 백안시할 것이 아니라, 무조건 환호성을 질러야 합니다. 내가 성장할 수 있는 절호의 기회를 하늘이 보내 주신 거니까요.

유대교가 그리스 철학과 로마의 법을 만나면서 기독교라는 새로운 종교로 탄생했지요. 공자의 유학은 당나라의 불교와 결합해 송나라 때에는 한층 새롭고 진보한 유학인 성리학이 되었고요. 이는 이종 결합으로 얼마나 새로운 학문, 종교, 철학이 탄생할 수 있는지를 보여 준 위대한 사례입니다. 개인의 삶도 마찬가지입니다. 다른 것을 기꺼이 수용하는 태도와 마음가짐을 갖춘 사람만 변화하고 발전해요. 그런 태도와 마음가짐이, 오늘 강의의 주제인 덕(德)이라 하겠습니다.

덕이란 다름을 기꺼이 수용하는 태도

언젠가 50대 초반의 한 신사가 찾아왔습니다. 한때는 잘나가는 중소기업을 운영하던 사람이에요. 그런데 회사에 노조가 생기니까 골치 아프다고 정리를 했어요. 그 후 골프 치고 낚시하고 음악회 다니며 사는데, 그런 삶이 너무 지루하답니다. 얼마나 지루하면 그 때문에 우울증에 걸릴 지경이라고 해요. 그래, 제가 말했습니다. 당신은 인색한 사람이라고, 노조원들에게 베풀 수 있는 기회를 놓치고 오히려 이제껏 쌓아 온 덕을 다 허물어 버렸다고요. 노조 생겼다고 회사를 없앤 건, 안 주려다가 빼앗긴 꼴이지요. 수백, 수천 명의 직원과 나눔으로써 함께 클 수 있는 삶이 거기 있는데, 그걸 놓친 겁니다.

    덕이 없고 배려가 없는 인생은 참으로 황량합니다. 아주 지루하고 우울하지요. 본인은 안 빼앗기려고 움켜쥔 건데, 실은 그로 인해 삶이 술술 빠져나가는 것을 경험하게 됩니다. 그 반대로 본인은 남에게 준다고 생각하지만 결국은 그게 자신에게 돌아와 삶이 아주 풍성해지는 경우도 있지요.

    어느 날 텔레비전 채널을 이리저리 돌리다가 외국에서 성공한 최고경영자들을 소개하는 프로그램을 보게 되었어요. 그날의 주인공은 인도네시아에서 신발 공장을 운영하는 사장이었죠. 우리나라에서 신발 공장을 운영하다가 망해서 인도네시아로 간 사람입니다. 그런데 또 회사가 망해서 문을 닫아야만 하는 상황에 처하게 되지요. 그때 사장이 직원들에게 말합니다. "나 혼자 도망가지 않겠다. 여러분만 있으면 나는, 우리는 함께 살 수 있다." 그러고는 절박한 심정으로 미국으로 건너가 나이키 사장을 만나 주문을 받아 옵니다. 지금은 직원이 2만 명인데, 그들이 전부 사장을 아버지라고 불러요. 2만 명이 축구장 같은 데 모여서 함께 밥을 먹습니다.

그걸 보면서 제가 그랬습니다. "저 사람이야말로 왕으로 사는구나." 왕은 주는 사람입니다. 공식적으로 돈을 가장 많이 쓸 수 있고 덕을 가장 잘 베풀 수 있는 사람이 왕이고 대통령이에요. 그러니 주면서 살수록 왕의 삶에 가까워지지요. 반면 제아무리 가진 것이 많아도 주지 않으면 거지로 사는 거나 마찬가지입니다.

절대계도 모르고 상대계도 모르는 사람

오늘 강의할 내용은 《장자》의 〈덕충부(德充符)〉 편입니다. 덕충부란 덕이 쌓여서 저절로 흘러넘친다는, 즉 덕이 가득한 표시가 난다는 뜻이에요. 예부터 우리나라에서 덕이 있는 사람이라 하면 학식이 깊으면서 마음 씀씀이도 넉넉한, 한마디로 머리에 든 것과 마음에 가진 것이 많은 사람을 떠올렸죠. 한편 그리스, 로마인들 사이에서 덕이 있는 사람은 잘생긴 사람을 의미했어요. 못생긴 사람은 덕이 없는 걸로 통했다고요. 그런데 장자는 이런 상식들을 뒤엎고, 장애인을 등장시켜 덕을 설하게 합니다. 장자 특유의 역설과 풍자인 거지요. 자, 그러면 본문 말씀 보겠습니다.

신도가(申徒嘉)는 형벌로 발이 하나 잘린 사람이다. 정(鄭)나라 재상 자산(子産)과 함께 백혼무인(伯昏無人)을 스승으로 모셨다. 자산이 신도가에게 말했다. "내가 먼저 나가거든 자네가 남아 있고, 자네가 먼저 나가면 내가 남아 있기로 하세."

그 다음 날, 둘이 또 한 방에 들어가 같은 자리에 앉게 되자, 자산이 신도가에게 다시 말했습니다. "내가 먼저 나가면 자네가 남아 있고, 자네가 먼저 나가면 내가 남아 있기로 하세. 이제 내가 먼저 나갈 터이니 자네가 남아 주겠는가. 자네는 나 같은 재상을 보고도 자리를 비키지 않으니 재상과 맞먹겠다는 것인가?"

신도가라는 발이 하나 잘린 사람이 정나라 재상과 백혼무인이라는 선생 아래서 공부를 합니다. 사회적인 지위나 신체적인 면으로 보면, 신도가와 자산은 하늘과 땅 차이라 해도 과언이 아닙니다. 이것이 상대세계의 특징이에요. 재상이 있으면 말단 신하가 있고, 비장애인이 있으면 장애인도 있는 겁니다. 차이와 차별이 없을 수 없어요.

이 차이와 차별을 극복하는 첫째 원칙은 내가 누구인지 아는 거지요. 우리는 모두 근원적인 차원에서는 영(靈)이고 무(無)이고 공(空)임을, 즉 하나임을 아는 것입니다. 이걸 알면 내가 좀 잘나 보인다고 우쭐할 것도, 못나 보인다고 주눅들 것도 없습니다.

그러나 우리가 사는 상대세계에서는 이것만 안다고 되는 것이 아닙니다. 시간과 장소와 사람에 맞추어 나를, 즉 내 성격과 태도와 지식과 체력을 바꿔 가는 것이 또한 필요하지요. 문제는 이걸 못하는 사람이 많다는 거예요. 자기 생각에 빠져서 그런 건 그 사람의 문제이니 그렇다고 쳐요. 하지만 어쩔 수 없는 사고와 재해를 당해서 남보다 처지는 사람도 있기 마련입니다. 그런 이들은 국가가 배려하고 사회가 뒷받침해 주고 또 도와줘야 하지요. 거기서 국가의 품격이 나오고 개인의 품격이 나오는 겁니다.

그런 점에서 보면 이 자산이라는 자는 어떻습니까? 재상이라는 직위가 곧 자기인 줄 아는 사람이에요. 그래서 장애인에 일개 평민인 신도가와 함께 공부하는 것 자체를 못마땅해 하지요. 어울릴 수 없는 계급이라고 보는 겁니다. 그래서 사회적 지위와 신체적인 조건을 따질 필요가 없는 자리에서까지 그를 경멸하고 무시해요. 이는 자산이 자기가 누구인지 모르는 것은 물론, 때와 장소에 따라 자기를 변화시킬 줄도 모름을 의미합니다. 절대계도 모르고 상대계도 모르는 거지요.

옷은 그저 입고 벗는 것일 뿐

제가 안내하는 집단 프로그램에서 가장 먼저 하는 것이 별칭을 짓는 것입니다. 수련하러 왔으니, 이제부터는 사회적 지위와 집안과 학력과 이름과는 상관없이, 있는 그대로의 나를 만나고 있는 그대로의 상대를 만나자는 의도입니다. 그런데 개중에 이걸 못마땅하게 여기는 사람이 있어요. 나보다 어린 것이, 나보다 못 배운 것이, 어디 감히 나보다 재산도 없는 것이, 이런 생각을 하는 겁니다. 한마디로 자산 같은 사람이죠. 자기가 누구인지 몰라서 그래요. 이런 사람은 사회적 지위와 재산과 자기가 타고 다니는 자동차와 경력이 곧 자기라고 생각해요. 그래서 어디에 무엇을 하러 가든지, 그것들을 내세워 사람들을 비교하고 판단합니다. 이런 사람이 흔히 하는 말이 "자네가 나와 맞먹겠다는 건가?"입니다. 어때요, 자산과 똑같죠?

사람만 옷을 입으니 옷이 중요한 줄 압니다. 심지어 어느 날부터는 옷이 곧 사람이 되지요. 그래서 그 옷이 자기인 줄 알고 죽어도 못 벗습니다. 오죽하면 비석에까지 사장이라는 직함을 올리겠습니까? 그가 사장이었다는 것을 새가 알까요, 바람이 알까요? 또 십자가는 왜 그렇게 그려 대는지 모르겠습니다. 기독교인이 곧 나는 아니잖아요. 자연으로 돌아가는 마지막 길에서까지 왜 그렇게 특정 옷에 집착하느냐, 이 말입니다.

옷은 그저 옷일 뿐입니다. 때론 입고, 때론 벗습니다. 역할도 그저 역할일 뿐이지요. 이곳에서는 이런 역할을, 저곳에서는 저런 역할을 하다가, 때가 되면 모든 역할을 놓기도 합니다. 그걸 아는 사람에게 자산의 태도는 얼마나 우스워 보이겠습니까? 아마 신도가가 보기에도 그랬을 거예요. 그럼 그가 어떻게 대답했는지 들어 보도록 하지요.

신도가가 대답했습니다. "선생님의 문하에 재상이라는 것이 따로 있었던가? 자네는 재상이라고 우쭐해서 남을 깔보려 하는군. 듣건대 '거울이 맑으면 먼지가 끼지 않고, 먼지가 끼면 거울이 밝게 비출 수 없다' 하네. '현인과 오래 지내면 잘못이 없어진다'고 하는데, 지금 자네가 선생님을 받들며 살고 있는데, 아직도 그런 소리를 하니, 뭔가 잘못된 것 아닌가?"

"선생님의 문하에 재상이란 것이 따로 있었던가"라고 반문하는 이유는, 스승 앞에서는 다 같은 제자라는 겁니다. 여기서 백혼무인이라는 스승은 단지 한 사람이 아닌, 하나님이나 신으로 봐도 좋겠습니다. 그 앞에선 다 같지요. 근본적인 면에서는 하나입니다. 사장과 사원이 따로 있고, 깨달은 자와 미련한 자가 따로 있는 게 아니에요. 그러니 무슨 재상이 대수냐는 겁니다.

이를 우리 내면세계에 빗대어 보면, 잘나 보이거나 못나 보이는 부분이 모두 나라는 얘기입니다. 빛과 그림자도 결국에는 하나로 통합된 것이라는 의미이지요. 신도가는 이를 아는 사람입니다. 그러니 분리할 수 없는 것들을 따로 떼어 내어 어느 하나만 취하고 다른 하나는 배척하는 자산이 한심하게 보이지 않았겠습니까?

덕의 키워드는 수용과 감사

수련을 할 때는 계급장 다 떼고 만나야 합니다. 가방끈 길고 짧은 것도 겨루지 않습니다. 가문이 어떻고 직업이 어떻고 얘기하지 않아요. 다만 내가 지금껏 제외해 온 부분, 그것만 생각하면 너무 괴롭고 아파서 대면하고 싶지 않은 부분을 꺼내야 합니다. 그렇게 내 안의 절름발이, 외발, 장님과 귀머거리를 만나야 하는 겁니다. 그러면 과거에 그림자라 여겼던 것이 빛으로 물들면서 온전한 나로 통합되는 것을 발견하게 되지요.

본문 말씀 다시 봅니다.

자산이 대답했습니다. "자네는 그 꼴에 요 임금과 훌륭함을 겨루려 하는군. 자네의 덕을 헤아려 보게. 그것도 모자라 스스로 반성할 줄 모른단 말인가?"
신도가가 대답했습니다. "자기 잘못을 변명하면서 벌 받은 것이 억울하다고 생각하는 사람은 많지만, 자기 잘못을 변명하지도 않고 온전한 몸으로 살아남음을 오히려 황공하다고 생각하는 사람은 드무네. 어쩔 수 없음을 깨닫고, 편안하게 운명으로 받아들이는 것. 이것은 덕이 있는 사람만 할 수 있는 일이지."

자산은 계속해서 신도가의 '꼴'을 문제 삼습니다. 여기서 꼴은 직접적으로 신도가의 외발을 지칭하지만, 한편으로는 내면의 열등한 부분, 자기 자신이 제외한 부분을 상징하기도 합니다. 즉, 내가 제외한 그림자를 포함시키지 않고는 덕은 완성될 수 없음을 보여 주고 있지요.

우리 사회를 봐도 그래요. 자본주의 사회에서 가난은 형벌입니다. 그런데 어떻게 다 부자가 됩니까? 또 어떻게 다 1등을 해요? 똑같이 달리기를 해도 출발이 늦는 사람, 중간에 넘어져서 다리 다치는 사람, 평소에 못 먹어서 막판에 기력이 달려 지치는 사람이 있잖아요. 그런 이들을 아우를 수 있는 제도를 만들고 함께 갈 수 있는 정책을 펴는 것이 정치의 역할이고 사회가 할 일입니다. 반대로 정치와 권력이 강자 편을 들기 시작하면 어때요? 덕이 없어집니다. 그래서 아주 황폐하고 추악한 모습이 되지요. 그리고 언젠가는 그 대가를 치르기 마련이에요.

이를 아는 신도가가 나서서 무릇 덕의 극치란 무엇인지에 대해 말합니다. 바로 "자기 잘못을 변명하지도 않고 온전한 몸으로 살아남음을 오히려 황공하다고 생각하는 것과, 어쩔 수 없음을 깨닫고 운명으로 받아들이는 것"이라고 하지요. 즉, 어떤 일이 닥치든 변명하는 대신 감사히 여기고 그것을 운명으로 받아들이면 덕이 쌓여 저절로 흘러넘친다는 겁니다.

여기서 운명으로 받아들인다는 건 모든 걸 운명 탓으로 돌리는 숙명론적 입장이 아니라, 그 일이 일어날 만해서 일어난다고 보는 견해에 가깝습니다. 그러므로 좋은 일이 내게 생겼다고 해서 잘난 척할 것도, 안 좋은 일이 일어났다고 해서 좌절하고 주눅들 것도 없다는 겁니다. 따지고 보면 한순간에 운명이 바뀔 수도 있는 게 인간사인데, 현재 드러난 것만 가지고 잘남과 못남을 분별하는 것은 어리석고 미련한 태도라는 거지요.

하늘의 눈으로 보니, 일체가 좋더라

계속해서 신도가의 말을 들어 봅니다.

"발이 하나 없다 하여 나를 비웃는 사람이 많았네. 나는 불끈 화를 냈다가도, 선생님 계신 곳에 가면 그런 마음을 말끔히 씻고 평소 상태로 되돌아왔네. 선생님께서 훌륭하신 덕으로 나를 씻어 주셨나 보이. 내가 선생님을 19년 동안이나 따르며 배웠지만, 선생님께서는 아직도 내가 '외발'임을 알지 못하신다네. 이제 자네와 나는 형체를 잊고 덕을 배우는데 자네는 아직 몸 밖의 것에만 눈을 돌리고 있으니 뭔가 잘못된 것 아닌가?"

여기서 핵심은, "선생님은 19년 동안 내가 외발임을 알지 못하신다네" 하는 대목이 아닌가 싶습니다. 선생님은 하나님이지요. 신이고 하늘이고 우주입니다. 사람들은 신도가가 외발이라는 이유로 비웃고 멸시하지만, 하늘은 그러는 법이 없습니다. 네 성격이 나쁘니 고치라고도, 가난하니 돈을 벌라고도 않지요. 장애인이라고 딱히 불쌍히 여기지도 않습니다. 다만 있는 그대로 온전한 나를 봅니다.

그런 선생님 아래서 몸 안 세계, 즉 마음을 공부한다는 사람이 어찌하여 아직도 몸 밖인 물질계에만 사로잡혀 있느냐고, 신도가가 자산을 꾸짖고 있어요. 그러자 자산도 마침내 꼬리를 내리며 없던 일로 하자고 합니다.

이 이야기는 아래에 나오는 '유정(有情)'과 '무정(無情)'이 과연 무엇인지 뒷받침하는 내용입니다. 함께 읽어 보지요.

성인은 사람의 형체는 있지만 사람의 정(情)은 없습니다. 사람들과 섞여 살지만, 사람의 감정이 없으므로 옳고 그름이 그에게는 해당되지 않습니다. 사람들과 섞여 실로 보잘것없고 작으나, 하늘과 하나이니 실로 크고 위대합니다.

여기서 말하는 정은, 사람에 대한 애틋한 마음이나 연민을 의미하는 것이 아니라 생각입니다. 옳고 그름, 맞고 틀림, 아름다움과 추함을 나누는 이분법적인 사고를 뜻하지요.

장자는 늘 이를 넘어설 것을 강조합니다. 제가 말하는, 생각이 끝나는 데서 하늘이 열린다는 것, 즉 의식이 3차원에서 4차원으로 진화한다는 것은 정확히 장자의 이 사상과 일치합니다. 지금까지 그 일이 화날 일이라고 생각하면서 살았는데, 그 생각을 넘어서니 어때요? 그저 그 일일 뿐이죠. 이렇게 사실을 사실대로 보는 눈이 열리면 홀로 하늘과 하나가 되니 실로 크고 위대하다고 돼 있죠. 다시 말하면 존재인 나의 본성을 되찾으니, 하나님께서 보시기에 참 좋았다는 그 눈으로 모든 것을 보게 된다는 거예요. 바로 생각이 끝나고 하늘이 열리는 지점에 서게 되는 것입니다.

유정에서 무정으로, 수평에서 수직으로

그런데 사실의 세계를 경험하지 못하면 생각이 끝난다는 게 과연 무엇인지 알 수 없습니다. 무정과 유정에 대해 묻는 혜자도 그런 사람이지요. 그래서 장자에게 "사람에게 정이 없을 수 있는가? 정이 없다면 어떻게 사람이라 할 수 있는가?"라고 묻는 겁니다. 장자가 대답합니다.

"내가 말하는 정이란 그런 것이 아닐세. 내가 정이 없다고 하는 것은 좋아하고 싫어하는 것으로 속상할 일이 없다는 것. 언제나 모든 것을 그대로 놓아두고, 삶에다 억지로 군더더기를 덧붙이려 하지 않는 것을 이름일세."

대답이 아주 명쾌하죠? 생각과 느낌이 없는 것이 무정이 아니라, 그에 휘둘리는 일이 없는 것이 무정이라는 겁니다. 예수도 그랬지요. 누구에게도 마음을 준 적이 없다고요. 이는 그가 인정 없는 차가운 사람이어서가 아닙니다. 단지 사람의 말과 생각과 느낌에 큰 의미를 부여하지 않았다는 의미예요. 사람이 하는 말과 약속이란 얼마나 깨지기 쉽습니까? 또 생각과 느낌이란 얼마나 변덕이 심하고 이리저리 흔들립니까? 성인들은 바로 그 점을 본 거죠. 그래서 그것에 매달리지 않고, 그로 인해 속상해 하지 않는 겁니다.

그러면 우리가 무정함 위에서 관계하면 어떨까요? 사실에 토대를 두고 그 위에서 오가는 생각과 느낌을 알아차리겠지요. 일단 사실을 사실로 보는 게 필요합니다. 그래야 왜곡이 없어요. 그런 다음엔 그에 따른 나의 생각과 느낌을, 상대의 생각과 느낌을 알아주어야 하지요. 누가 큰 슬픔에 빠져 있는데 "그건 다 지나가는 거야"라는 식으로 툭 던지는 건 도를 아는 이의 태도가 아니에요. 그의 슬픔을 안아 주어야죠. 다만 거기에 매몰되지 않을 뿐입니다. 다시 말하면 생각과 느낌이 일어날 때 맞아 주고, 지나갈 때 보내 주라는 거예요.

바로 그 맞아 주는 것과 보내 주는 것을 잘 못하니까 자꾸 삶에 군더더기가 붙습니다. 생각과 느낌을 있는 그대로 바라보고, 알아차리고, 지나가게 놔두는 것을 못해요. 반대로 조정하려 하고, 붙잡으려 합니다. 그래서 미움이 붙고 애착이 붙고 시시비비를 가리는 마음이 붙습니다. 그런 것들이 켜를 이루면 어때요? 다음 생각과 느낌이 오는 통로가 막혀 소통하지 못하게 돼요. 장자가 모든 것을 그대로 놔두고 삶에 군더더기를 붙이지 말라고 한 것은 이런 의미로 해석하면 되겠습니다.

본래 자연에는, 즉 사실의 세계에는 상도 벌도 없어요. 기쁨도 슬픔도 없습니다. 오직 일어난 일만 있지요. 그걸 상이니 벌이니, 자존심이니 수치심이니 하고 이름 붙이는 것은 전적으로 우리의 생각 안에서 이루어집니다. 하나님이 왜 누구에게는 벌을 주고 누구에게는 상을 주나요? 만약 그런 하나님이 있다면, 그건 이미 하나님이 아닌 겁니다. 하나님은 공평하세요. 누구 편도 아니란 말입니다. 그대로 놓아두고 군더더기를 덧붙이지 않으시지요. 그러니 우리도 그런 원리대로 살아가면 됩니다.

이를 장자는 유정의 단계에서 무정의 단계로 넘어가는 것이라 보았죠. 이것이 곧 생각이 끝나고 비로소 사실을 사실 그대로 보는, 새로운 하늘이 열리는 단계입니다.

배려와 친절이 삶을 명품으로 만든다

오늘은 크게 덕을 쌓는 것과 무정에 대해 이야기했습니다. 무정은 생각에서 벗어나 사실을 사실 그대로 보고, 그에 따른 생각과 느낌들을 있는 그대로 맞이하고 보내는 것을 말합니다. 사실을 사실 그대로 보면 잘난 것과 못난 것이 따로 없고 옳고 그름이 따로 없지요. 재상이니 외발이니 하는 구분도 의미가 없습니다. 이것을 깨달으면 내 생각과 느낌에 집착하지 않고, 나와 다른 것들을 기꺼이 수용할 수 있습니다. 이게 덕이에요. 쉽게 말하면 배려고 친절입니다.

세계적으로 이름난 명품과 그렇지 않은 물건의 차이는 바로 그 친절과 배려에 있습니다. 명품은 단지 겉보기에만 화려하고 고운 게 아니에요. 오히려 겉은 소박할지언정, 그것을 쓰는 이를 섬세하게 배려하고 있지요. 바늘땀 하나의 결이 다르고, 장식 하나가 놓인 자리가 다른 겁니다. 우리의 삶도 이와 마찬가지가 아닐까 싶어요. 자기를 배려하고 자신에게 친절한 사람, 동시에 남을 배려하고 남에게 친절한 사람, 즉 덕 있는 사람이야말로 품격 있고 향기 나는 삶을 가꿀 수 있으니 말입니다.

자칫 잘못하면 이 세상에 태어나 누굴 미워하고 복수하고 앙갚음하면서 싸움만 하다가 가기 쉽습니다. 지나간 상처, 나만 옳다는 생각, 불균형한 마음에 매이면 그렇게 되지요. 그런데 그리 살다 가기엔 이 삶이 정말 아깝고 아름답잖아요. 그러므로 여러분은 먼저 무정을 출발점으로 삼아야 합니다. 마음 차원, 생각 차원에서는 유정의 족쇄에 걸려서 자꾸 삶에 군더더기를 덧붙이게 돼요. 반면 생각이 끝난 사실의 자리, 즉 무정의 차원에서 보면 우리는 이미 하나고 모든 게 온전하지요.

이런 관점에서는 서로 다투고 경쟁해야 할 일이 없고, 성공과 실패도 의미가 없습니다. 단지 내가 원하는 일을 하고, 그 일로 자신을 기쁘게 하고 남에게 도움을 주면 그것으로 족합니다. 말하자면 아주 자연스럽게 자신과 상대와 이 세상을 배려하며 덕을 쌓게 되는 것이지요. 이런 시간이 축적되면 어느 날부턴가 여러분의 걸음과 눈빛과 표정에서 저절로 덕이 흘러넘칠 것입니다. 그리고 여러분 삶이 세상에서 가장 훌륭한 명품, 명작으로 탄생할 것입니다.

오늘은 이것으로 마칩니다. 고맙습니다.

11강 대종사 – 진인에 대하여

발꿈치로 숨을 쉬는 자는 누구인가

생애 가장 큰 기쁨은
선생을 만나는 것

누구도 그대에게 무엇을 가르쳐 줄 수는 없다.
그대가 깨달음의 새벽에 반쯤
잠들어 있다는 것을 알려 줄 수 있을 뿐.
제자들과 함께 사원의 그늘진 길을 걷는 스승도
지혜를 줄 수는 없다.
줄 수 있다면, 믿음과 사랑뿐.
그가 만일 지혜롭다면 자신의 지혜의 집으로
들어오라고 강요하지는 않으리라.
대신 그대 자신의 마음의 문으로 그대를 인도하리라.

―

칼릴 지브란의 《예언자》 중에서

하늘은 곧 내가 원하는 것을 원해

지난 강의 주제는 덕(德)이었습니다. 사실 덕을 쌓는다는 게 무엇인지에 관해 생각하며 사는 사람은 많지 않습니다. 덕이라 하면 평범한 사람과는 좀 거리가 먼 것으로 보이기 때문입니다. 그런데 덕이 거창한 게 아니라 나와 다른 것을 기꺼이 수용하는 태도라고 보면 어떻습니까? 바로 지금 내 옆에 있는 사람과 사물, 생명과 환경을 소중히 여기고 대하는 것이 덕이라 하니, 왠지 내 일상과 가깝고 밀접하게 느껴지지 않나요?

알고 보면 우리는 모두 앞서 이 지구를 방문한 수많은 사람이 쌓아 놓은 덕에 힘입어 지금껏 잘 살아왔다고 해도 과언이 아닙니다. 오늘 강의는 바로 그렇게 스스로 덕을 쌓고, 나아가 후대에 덕을 쌓는 기술과 방법을 전수해 주신 분들, 즉 선생님을 만나는 시간입니다.

어느 날 사람은 물음이란 것을 품기 시작합니다. 아무 생각 없이 그저 먹고사는 일에 치여 살다가, 문득 "내가 누구지?" "삶이 대체 뭐지?" "우리는 어디서 와서 어디로 가는 거지?" "내가 정말 원하는 것은 무엇이지?"와 같은 물음이 가슴 깊은 곳에서부터 떠오르는 것을 느끼게 되는 겁니다. 저도 그런 물음들과 만나면서 삶을 변화시킬 수 있었지요. 물음을 통해 어느 방면에서 앞서가는 전문가들을 만났고, 또 물음과 관련된 책을 읽으면서 마침내 선생님을 만날 수 있었습니다.

그 과정에서 경험한, 지금도 기억이 생생한 장면이 하나 있어요. 어느 날 새벽입니다. 《성경》을 뒤적이다가 날 때부터 소경인 자의 이야기를 읽게 되었지요. 소경이 길거리에 앉아 있는데 갑자기 주변이 시끄러워집니다. 그 연유가 궁금해서 소경이 주변 사람에게 묻자, 누군가 예수가 지나간다고 대답해 줍니다. 그 말을 듣고서 소경이 소리를 지르기 시작합니다. "나사렛 예수여, 나를 불쌍히 여기소서." 이에 앞서가던 사람들, 옆에 서 있던 사람들이 전부 소경에게 조용히 하라고 꾸짖습니다. 하지만 그는 굴하지 않고 더 크게 소리를 질러요. 결국 그 소리에 예수가 발을 멈추고 묻지요. "내가 네게 무엇을 해 주랴?"

내가 네게 무엇을 해 주랴. 이 구절에서 저는 그때까지 마음에 드리웠던 어떤 베일이 걷히면서 빛이 쏟아지는 것을 느꼈습니다. 내가 네게 무엇을 해 주랴, 이 말을 바꾸면 "네가 원하는 게 뭐냐, 정말 하고 싶은 일이 뭐냐"는 거지요. 즉, 하나님은 예수를 통해 이렇게 말씀하시는 겁니다. 내가 원하는 것은 네가 진정 하고 싶어 하는 일을 하는 것이라고요.

내가 진정 하고 싶어 하는 것, 그것을 영어로 하면 디자이어(Desire)입니다. 이는 'need'나 'want' 같은, 육체·물질적인 차원에서 바라는 욕구와는 다릅니다. 오히려 디자이어는 영혼 차원에서 간절히 실현되길 원하는 욕망이라 하겠습니다. 다른 말로 하면 하늘로부터 받아 온 소질과 재능이라고도 할 수 있지요. 결국 우리 각자는 하늘이 주신 선물인 디자이어를 발견하여 활짝 꽃피울 소명을 지니고 이 땅에 온 것이라 해도 과언이 아닙니다.

그런데 제가 이 디자이어라는 단어와 접촉된 시기에만 해도 사람들이 욕망 하면 영성과 정반대 지점에 있는 어떤 것을 떠올렸습니다. 그래서 수련 중에 그 단어를 쓰기가 상당히 조심스러웠습니다. 미루고 미루다가 한참 후에야 쓰기 시작했지요. 깨어난 의식으로 산다는 것은 종국에는 하늘로부터 받은 소명을 실현하는 것이므로, 각자의 가슴에서 디자이어를 끄집어내지 않고서는 진짜 자기로 사는 삶이란 불가능하다고 봤기 때문입니다.

그만큼 디자이어가 중요함에도, 누구나 그것을 알고 실현하는 것은 아니에요. 일찍 발견하는 사람이 있는가 하면 늦게 발견하는 이도 있고, 아예 죽을 때까지 모른 채 살다가 세상을 뜨는 사람도 있습니다. 어찌 보면 가장 불쌍한 사람이지요. 자기가 정말 원하는 일, 가장 잘할 수 있는 일은 제쳐 둔 채 엄한 일만 하다가 간 셈이니까요. 그러니 살아생전 가슴이 몇 번이나 뛰었을까요? 먹고는 살아야 한다는 의무감과 부담감으로 단지 죽지 못해 일하다가 소중한 시간을 다 보내지 않았겠습니까?

우리는 모두 욕망으로 존재하고 움직인다

사실 욕망을 단순하게 정의하면, 생명 있는 모든 것을 존재하게 하고 움직이게 만드는 기본 동력이라 할 수 있습니다. 소나무는 소나무가 되려는 욕망을 실현하기 위해 작은 씨앗에서 시작해 큰 나무로 자라나 열매를 맺지요. 또 금붕어는 새끼 때부터 죽을 때까지 금붕어가 되고자 하는 욕망으로 생을 이끌어 갑니다. 사람도 마찬가지예요. 사람이 되려는 욕망으로 이 땅에 왔습니다. 다만 다른 생명체보다 의식이 훨씬 고차원적이어서 욕망이 다양하고 복잡한 양태를 띨 뿐이지요.

하지만 사람을 존재하게 하고 움직이게 만드는 것이 욕망이라는 점에는 변함이 없습니다. 길 가는 사람 백 명, 아니 천 명을 잡고 "어디 가느냐"고 물어보세요. 누구는 목욕탕에 간다고 하고 누구는 집에 간다고 합니다. 회사에 간다는 사람, 쇼핑몰에 간다는 사람, 운동하러 간다는 사람도 있습니다. 학교와 절과 교회와 거래처에 가고, 동창회를 비롯한 각종 모임에도 가지요. 결혼식장과 장례식장에도 갑니다. 그러면 수많은 사람을 이곳저곳으로 가게 만드는 그것이 과연 뭘까요? 당연히 욕망이죠. 원하는 것을 얻기 위해서든, 필요한 것을 구하기 위해서든, 하여간 내면에 욕망이 있기에 갑니다.

그런데 중요한 것은 욕망에도 수준이 있다는 거예요. 고대에는 이를 생리적 욕구, 이성적 욕구, 영적 욕구로 나누어 보았어요. 근래에 들어서는 심리학자 매슬로(Maslow)가 5단계로 재정립했습니다. 그것을 정리하면 생리적 욕구, 안전 욕구, 사회적 소속 욕구, 자기존중 욕구, 자기실현 욕구입니다.

그러면 내가 집에 가는 것은 어느 욕구를 충족하기 위해서일까요? 생리적 욕구도 되고, 안전 욕구도 되겠죠. 회사에 가거나 다양한 친목 모임에 나가는 것은 사회적 소속 욕구를 위한 겁니다. 자기실현 욕구도 부분적으로는 작용할 거고요. 이런 식으로 따져 보면 그 어떤 행동이든 다섯 가지 욕구에 속하지 않는 것이 없음을 발견하게 됩니다.

의식 차원에 비례하는 욕망의 수준

사람이 욕망에 의해 움직인다면, 어떤 이의 삶의 형태와 수준은 그가 자신의 욕망을 어떻게 배분하여 실현하는지에 따라 결정된다고 할 수 있겠지요. 예를 들어 생리적 욕구만 중시하며 사는 사람이 있다고 칩시다. 그의 삶의 수준은 딱 그 정도일 겁니다. 실제로 그런 사람은 무엇을 해도 그 수준에서 합니다. 단지 먹고 살기 위해 일을 하고, 교회나 절도 그 욕구를 충족하기 위해 다녀요. 그저 먹고살게 해 주는 신(神)이면 되는 겁니다. 사회적 소속 욕구에만 과도하게 집착하는 사람도 있지요? 이런 사람의 특징은 늘 바쁘다는 거예요. 홀로 있는 것을 두려워하고 불안하게 여기므로 다니는 데가 많지요. 또한 그 욕망이 거절당하거나 소외당할 때 심하게 상처를 입고 분노합니다.

여러분도 알다시피 낮은 차원의 욕망은 동물들도 지니고 있습니다. 그런데 우리는 사람으로 왔잖아요. 사람으로 왔으니 사람만이 접촉하고 누릴 수 있는 욕망을 실현해야 하지요. 그렇다고 낮은 차원의 욕망이 나쁘다는 것은 아닙니다. 다만 사람만이 추구할 수 있는 자기존중과 자기실현의 욕망이 있고, 그 정점에 참나의 욕망인 디자이어가 있음을 알아야 한다는 겁니다.

물론 내면에 은폐된 디자이어를 발견하는 것이 결코 쉬운 일은 아닙니다. 의식이 수평에서 수직으로 업그레이드되었을 때 비로소 진짜 욕망에 접촉할 수 있다고 할까요?

의식의 차원 이동이 일어나기 전에는 저급한 욕망에 가려져 참된 욕망이 드러나지 못해요. 그래서 사람들은 저급한 욕망이 자기인 줄, 삶의 전부인 줄 알고 살지요. 그러다 의식이 깨어나 높은 차원으로 진입하면 그제야 내가 누구고 무엇을 할 수 있는지 알게 되고, 진짜 욕망을 실현하며 나로 살 수 있는 가능성을 발견하는 겁니다.

왜 99퍼센트는 놔두고 1퍼센트에 집착하는가

인류가 알아야 할 삶의 법칙 또 하나는 99 대 1의 법칙입니다. 감각으로 알 수 있는 것은 단 1퍼센트에 불과하고, 그 너머에 존재하는 세계가 99퍼센트를 차지한다는 거지요. 전자가 현상계라면, 후자는 존재계입니다. 존재계 차원에서 이미 다 되어 있는 것이, 때가 되어 현상계에 나타나요. 다시 말하면 나타난 것은 고작 1퍼센트에 불과하다는 겁니다.

그런데도 우리는 그게 전부인 줄 알고 살아요. 이는 영적인 존재인 참나를 모르고, 그 대신 감각과 물질로 나를 제한하고 있기 때문입니다. 그래서 99퍼센트에 해당하는 광활하고 무한한 존재계를 경험하지 못하는 거예요. 존재계를 경험하지 못하면 참나의 디자이어가 아닌 저급한 욕망에 휘둘리기 쉽습니다.

오늘 볼 말씀은 바로 이 세계를 보느냐 못 보느냐, 아느냐 모르느냐에 관한 이야기입니다. 다 같이 읽어 볼까요?

하늘이 하는 일과 사람이 하는 일을 아는 사람은 지극한 경지에 도달한 사람이다. 하늘이 하는 바를 아는 사람은 자연과 함께 살아가고, 사람이 하는 일을 아는 사람은 '아는 것[所知]'으로 자신이 '알지 못하는 것[不所知]'을 보완한다. 이리하여 하늘이 내린 수명을 다하여 중도에서 죽는 일이 없는 것. 이것이 앎의 완성이다.

그러나 문제가 하나 있다. 앎은 무엇에 근거해야만 비로소 올바른 앎이 되는데, 그 근거가 무엇인가 하는 점이다. 내가 자연이라고 하는 것이 사실은 인위적인 것이고, 내가 인위적이라고 하는 것이 사실은 자연이 아닌지 어찌 알겠는가?

'없이있음'을, 영(靈)임을 아는 것, 그것이 곧 99퍼센트의 세계를 보고 경험하는 시작입니다. 없이있다는 것은 곧 무한함을 의미하지요. 없으므로 무엇도 될 수 있는 거예요. 무엇이든 할 수 있다는 말은 단지 생각이나 의지 차원에서 이루어지는 결심이 아니라, 생각과 의지와 결심과 상관없이 내가 이미 그런 존재임을 아는 데서 나오는 겁니다. 농담 삼아 모든 사람의 팔자(8)는 눕히면 무한대(∞)라고 얘기하는데, 이것이 꼭 농담만은 아니지요. 이는 존재를 아는 사람, 1퍼센트 세계의 장막을 찢고 99퍼센트의 무한한 가능성의 세계를 본 사람, 장자의 표현에 의하면 하늘이 하는 일과 사람이 하는 일을 아는 사람만이 할 수 있는 말입니다.

하늘이 하는 일과 사람이 하는 일을 안다는 것은 곧 무위(無爲)와 인위(人爲) 모두에 통했다는 거예요. 즉, 도통을 했다는 것입니다. 이렇게 도통한 사람만이 앎의 완성을 이룰 수 있다고 장자는 말하고 있습니다.

진정 안다는 것은 앎을 넘어서는 것

저는 앎을 4단계로 봅니다. 첫째는 자기가 무엇을 모르는지도 모르는 무지식의 단계입니다. 이런 사람은 팔만대장경을 빨래판으로 봅니다. 자기 고집과 생각 속에만 있어요. 둘째는 부분 지식의 단계로, 말 그대로 부분만 아는 지식을 말합니다. 부분만 알고 있음에도 전부를 아는 양 착각하지요. 그래서 남의 말을 안 듣고 자기 식대로만 합니다. 셋째는 오류 지식입니다. 잘못 알고 있는 단계를 말합니다. 사실과 생각이 혼재돼 있죠. 그래서 있는 그대로 사실을 보지 못하기에 미워하고 증오하고 원망하는 마음이 생깁니다.

마지막으로 넷째는 바른 지식입니다. 바른 지식을 지니고 있다는 것은 앎이란 정해져 있지 않고 늘 변한다는 사실에 눈뜨고 있다는 말과 같습니다. 그래서 바른 지식을 지니고 있는 사람은 혹시 나의 앎이 부분 지식은 아닐까, 오류 지식은 아닐까를 점검하면서 진실의 방향으로 나아가기 위해 노력하지요.

그렇다면 어떻게 해야 바른 지식을 가질 수 있을까요? 그 비결은 자기의 지식을 의심하면서 끊임없이 듣고 보고 묻는 것입니다. 이때 고정된 시각으로, 고정된 생각으로 보고 들으면 안 돼요. 처음 보듯이 보고, 처음 듣듯이 들어야 합니다. 왜요? 이 세상에는 하나도 고정된 것이 없으니까요. 같은 강물에 발을 두 번 담글 수 없다는 말도 있지 않습니까? 그러니 자기가 아는 것을 절대시하지 말고, 늘 사실에 근거해서 알지 못하는 것을 끊임없이 보완하는 작업이 필요한 것입니다.

그런데 장자는 또한 이 대목에서 '앎은 무엇에 근거해야만 비로소 올바른 앎인가'를 묻습니다. 이 말은 부분 지식과 오류 지식과 바른 지식의 경계가 무엇이며, 도대체 누구의 앎을 기준으로 삼아야 하느냐는 겁니다. 이에 대해 장자는 절대적인 앎이란, 진리란 없다고 하지요. 내가 자연이라고 주장하는 것이 사실은 인위적인 것일 수 있고, 그 반대의 현상도 얼마든지 가능하다는 겁니다. 또한 내가 사실이라 믿고 있는 것이 생각일 수 있고, 반대로 내가 생각이라고 여기는 것이 사실일 수도 있다는 것이죠.

그러므로 결론은 시시비비에 매이지 말라는 것입니다. 절대적인 진리를 알 자는 없으니, 내가 옳다 네가 그르다고 싸우는 일은 아무 의미가 없다는 말이에요. 그렇다고 장자가 불가지론에 빠진 것은 아닙니다. 장자는 불가지론을 빠져나갈 대안으로 진인(眞人)을 내세우지요.

진인만이 대안이다

그러면 장자가 말하는 진인이 어떤 사람인지, 본문 말씀을 추려서 함께 보겠습니다.

> 그러므로 진인(眞人, 참사람)이 있어야만 진지(眞知, 참된 앎)가 있다. 옛적의 진인은 모자란다고 불평하지 않고, 성공했다고 우쭐거리지 않고, 억지로 무엇을 하려고 꾀하지도 않았다. 실수를 해도 후회하지 않고, 일이 잘되어도 자만하지 않았다.
> 옛날의 진인은 잠자도 꿈꾸지 않고, 깨어나도 근심이 없었다. 음식을 먹어도 맛있는 것을 찾지 않았고, 숨을 쉬어도 아주 깊이 쉬었다. 보통 사람들은 목구멍으로 숨을 쉬지만, 진인은 발꿈치로 쉬었다. 여러 욕망에 깊이 탐닉한 사람은 하늘의 비밀을 헤아리지 못한다.
> 옛날의 진인은 삶을 그대로 받아들여 살다가, 잊어버린 채로 되돌아갔다. 이를 일러 마음으로 도를 해치는 일이 없고, 사람의 일로 하늘이 하는 일에 간섭하려 하지 않음이라 한다. 이런 사람이 바로 진인이다.

몇 대목만 짚어 보지요. 앞에 묘사한 내용은 외적 조건에 흔들리고 굴복하지 않는 사람의 면목을 보여 주지요. 진리를 외부에서 찾지 않고 내면에서 발견한다는 의미입니다. 또 발꿈치로 숨을 쉰다는 것은 나의 걸음, 즉 왼발 오른발을 알아차린다는 거예요. 이런 사람은 생각에 휩쓸리지 않고 일어났다 사라지는 현상을 알아차립니다. 감각과 의식이 모두 생생하게 깨어 있는 상태에서 일상생활을 한다는 거지요.

또한 장자는 여러 욕망에 깊이 탐닉한 사람은 하늘의 비밀을 헤아리지 못한다고 말합니다. 이는 낮은 단계의 욕망에 탐닉하면 하늘의 비밀, 즉 최고의 욕망인 디자이어는 발견할 수 없다는 말이 아닌가 싶습니다. 욕망의 마지막 단계에 놓인 최고의 욕망, 그것을 서양에서는 빛이라 하고 동양에서는 도라고 하지요. 그것을 경험하는 순간을 '절정경험(peak experience)'이라 하는데, 이는 곧 삶의 오르가즘에 다다랐음을 의미합니다.

이처럼 늘 깨어 있어 최고의 욕망을 실현하며 삶의 절정에 이른 진인은, 삶을 즐겁다고 죽음을 싫다고도 할 줄 모릅니다. 즉 생사에 초연합니다. 나아가 시원을 잊어버리지 않고 끝을 알려고도 하지 않아요. 내가 비롯된 근원, 참나의 무한함을 기억하지요. 그래서 마음으로 도를 해치지 않고 사람의 일로 하늘의 일에 간섭하지 않습니다. 생각과 느낌을 앞세워 사실과 진리를 왜곡하지 않고, 좋다 싫다 분별하지도 않는다는 겁니다.

도를 들은 자의 얼굴은 갓난아기와 같으니

앞서 읽은 구절들로 보건대, 장자는 앎의 기준을 정해 주는 기준으로 진인을 내세웁니다. 다시 말하면 진인이 되지 않는 한, 계속해서 사실과 생각을 구분하지 못하고 하늘의 일과 사람의 일을 명료하게 알아차리지 못한다는 겁니다. 그런 상태에서는 내가 진정 원하는 것이 무엇이고 원하지 않는 것이 무엇인지 알 수 없지요. 삶이 혼란스럽고 흔들리는 이유는 이 때문이에요.

이런 상황에서 벗어나려면 먼저 내가 기존에 알고 있던 것, 절대적인 앎이라 여겨 온 것들을 회의하고 의심하고 부정해야 합니다. 삶이 힘들고 어려운 사람일수록 내가 알고 있던 것에 대해 철저하게 회의하고 부정해야 하는 겁니다.

이런 사람은 마음이 한결같고, 모습이 잔잔하고, 이마가 넓었다. 그 시원하기가 가을 같고, 따뜻하기가 봄과 같다. 기쁨과 노여움이 계절의 흐름같이 자연스럽고, 모든 사물과 어울리므로 그 끝을 알 수 없었다.

이것이 장자가 말하는 진인, 즉 도통한 이의 모습입니다. 이와 비슷한 대목이 뒤에 또 나와요. 남백자규(南伯子葵)가 등이 굽은 한 여인에게 묻습니다. "당신은 나이가 많은데 아직도 얼굴은 갓난아기와 같으니 무슨 까닭입니까?" 여인이 말합니다. "도를 들었기 때문입니다."

그래요. 인간 최고의 욕망은 도를 아는 것이에요. 1퍼센트에 불과한 어둠의 장막에서 벗어나 99퍼센트의 광활한 빛의 세계로 진입하는 것이라고요. 이처럼 최고의 욕망을 실현하며 사는 사람은 얼굴이 세파에 시달린 흔적 없이 갓난아기와 같습니다. 여기서 얼굴은 비단 외면만을 뜻하는 게 아니죠. 얼굴은 궁극적으로 얼의 상태입니다. 그러므로 얼굴이 갓난아기와 같다는 것은 내면의 결, 의식의 상태가 그처럼 순수하고 흠이 없다는 거지요.

이쯤 되면 나도 죽기 전에 한 번은 도를 듣고 싶다는 생각이 들지 않나요? 그래서 누군가로부터 "당신은 사업에 실패하고 이혼도 했는데, 혹은 암에 걸려 죽을 날이 얼마 남지 않았는데도 어찌 그리 얼굴이 갓난아기 같습니까?"라는 질문을 받고 싶지 않습니까? 그럴 때 "도를 들었기 때문입니다"고 말할 수 있다면 정말 기쁘고 행복하지 않을까요?

외천하에서 불사불생까지, 득도의 단계

등 굽은 여인의 입을 통해 장자는 도를 얻는 단계에 대해 말을 합니다.

"성인의 도란 성인의 자질이 있는 사람에게 가르치는 것이 역시 더 쉬운 일이다. 그러나 나는 신중하게 그를 지켜보았다. 사흘이 지나자 그는 세상을 잊었다. 다시 잘 지켜보았더니 이레가 지나자 사물[物]을 잊었다. 아흐레가 지나서는 생(生)을 잊게 되었다. 생을 잊게 되자 '아침 햇살 같은 밝음[朝徹]'을 얻었다. 아침 햇살 같은 밝음을 얻자 '하나'를 볼 수 있었다. 하나를 보게 되자 과거와 현재가 없어졌다. 과거와 현재가 없어지자 죽음도 없고, 삶도 없는 경지에 들어가게 되었다."

위의 글에서 장자는 득도의 과정을 7단계로 묘사하고 있습니다. 첫 번째는 세상을 잊는 것입니다. 외천하(外天下)예요. 두 번째는 사물을 잊는 외물(外物)의 단계입니다. 세 번째는 외생(外生), 즉 삶을 잊는 거지요. 무엇을 먹고살까, 그런 걱정에서 자유로워지는 것입니다. 그렇게 해서 네 번째 단계인 조철(朝徹), 즉 아침 햇살 같은 밝음을 얻게 됩니다.

그런 밝음을 얻은 자는 '하나'를 봅니다. 원인도 결과도, 끝도 시작도 없이 무한한 공의 세계를 경험하는 거지요. 내가 그 하나와 떨어져 본 적이 없음을, 떨어지려야 떨어질 수 없음을, 그러므로 내가 곧 그 하나임을 말이에요. 이것이 바로 다섯 번째 단계인 견독(見獨)입니다.

그 하나를 경험한 사람에게는 과거와 현재가 없어져요. 즉, 여섯 번째 단계인 무고금(無古今)에 도달하는 것입니다. 사실 과거가 없으면 미래도 없습니다. 미래는 과거의 투사일 뿐이니까요. 그러므로 무고금은 시간을 초월하여 기억과 기대로부터 자유로워지는 것을 말합니다. 그런 단계에 이르면 마침내 죽음도 삶도 없는 경지에 이르지요. 도에 이르는 마지막 일곱 번째 단계인 불사불생(不死不生)입니다. 장자에 따르면 불사불생의 경지에 이른 사람은 이러합니다.

"삶을 죽이는 사람은 죽지 않는다. 반면 삶을 살리는 사람은 살지 못한다. 만물을 대할 때, 보내지 않는 것이 없고, 맞아들이지 않는 것도 없으며, 허물어뜨리지 않는 것이 없고, 이루지 않는 것도 없다. 이를 일러 어지러움 속의 평온이라 한다. 어지러움 속의 평온이란 어지러움이 지난 다음에는 온전한 이룸이 있다는 뜻이다."

이는 진인의 궁극적인 모습을 보여 주고 있습니다. 삶을 죽이는 사람이라는 것은, 내가 없는 사람을 의미합니다. 에고는 없고 존재만 있는 경지를 일컫습니다. 장자는 또한 이러한 상태를 일러 '어지러움 속의 평온'이라고 말합니다. 이는 우리 의식이 변화하고 성장하는 원리인 '정(正) - 반(反) - 합(合)'을 말하는 것이 아닐까 싶어요. 다른 말로 하면 '산이산(山而山) - 산비산(山比山) - 산역산(山易山)'이라 하겠습니다.

예를 들어 백지와도 같은 아기의 순수한 의식을 떠올려 보십시오. 이것이 정(正)과 산이산의 단계입니다. 그러다 시간이 흐르면서 점차 사회화의 과정을 거칩니다. 학습과 교육을 통해 온갖 정보와 관념이 주입되고, 그를 통해 특정한 신념 체계를 받아들이지요. 생각세계에 깊이 빠지는 겁니다. 이것이 말하자면 아버지 품에서 안락하게 살던 둘째아들이 집을 나가는 단계이자, 반(反)과 산비산의 단계라 할까요.

여기서 일생을 끝내는 사람이 태반입니다. 하지만 소수의 사람은 의식의 차원 이동을 통해 감각세계, 현상계 너머로 가지요. 그 경험을 통해 자기가 정말 누구인지 발견합니다. 죽음도 생도 없는 하나를 보지요. 이것이야말로 정과 반이 통일된 합이자, 산은 역시 산임을 깨닫는 산역산의 단계라 할 수 있습니다.

자기를 비워 선생님을 만나다

득도의 단계는 비단 장자만 말하고 있지 않습니다. 유대교 신비주의인 카발라(Kabbäläh)에서도 역시 도를 얻는 5단계에 대해 이야기하고 있어요. 《지혜를 얻는 길》이란 책에 실린 그 내용을 보면 이렇습니다. 첫 번째 침묵하기, 두 번째 경청하기, 세 번째 암기하기, 네 번째 실천하기, 다섯 번째 가르치기.

도를 얻는다는 것은 일상에서 깨어남을 의미하고, 일상에서 깨어나려면 지금껏 생각해 온 대로, 습관대로 살면 곤란해요. 오히려 기존의 습관과 반복되는 생각의 패턴을 바꿀 수 있는 새로운 원칙과 규칙이 필요하지요. 그 새로운 원칙과 규칙을 전수해 주는 사람을 우리는 선생님이라 부릅니다. 장자의 표현대로라면 선생님이 곧 진인이 아닐까 싶어요.

우리가 선생님과 진인을 찾아야 하는 이유는, 내 생각과 습관에 빠져서는 절대 도를 구할 수 없기 때문입니다. 그러니 우선은 선생님을 찾고, 마침내 선생님을 만나면 몇 년은 그분 곁에 붙어서 그분이 읽으신 책을 읽고 말씀을 듣고 그분이 정해 준 규칙을 생활에 적용해야 해요. 그래야 어느 순간 도가 들리고 도를 살게 됩니다.

오늘 본문 말씀에 등장하는 여인도 말합니다. 나는 부묵(副

墨)의 아들에게서 도를 들었다고. 홀로 깨달은 게 아니라는 거지요. 진인이 써 놓은 글을 통해 도를 들었다는 겁니다. 그러면 도가 어떻게 전수되는지 계속해서 보겠습니다.

남백자규가 물었다. "당신은 어디서 이런 것을 들었습니까?" 등 굽은 여인이 대답했다. "나는 부묵(副墨, 문자를 쓰는 이)의 아들에게서 들었고, 부묵의 아들은 낙송(洛誦, 소리 내어 읽는 이)의 손자에게서 들었고, 낙송의 손자는 첨명(瞻明, 잘 보는 이)에게서 들었고, 첨명은 섭허(聶許, 잘 듣는 이)에게서 들었고, 섭허는 수역(需役, 일 잘하는 이)에게서 들었고, 수역은 오구(於謳, 노래 잘하는 이)에게서 들었고, 오구는 현명(玄冥, 고요한 이)에게서 들었고, 현명은 삼료(參寥, 빈 것을 깨달은 이)에게서 들었고, 삼료는 의시(疑始, 처음 같은 이)에게서 들었습니다."

처음은 비어 있습니다. 빈 데서 시작하는 거예요. 가득 찬 곳에서 뭔가를 시작할 수는 없습니다. 사람도 새로운 것을 시도할 때는 침묵하고 정지하고 묵상하면서 뭔가 올라오기를 기다려야 합니다. 그러다 선생님을 만나 잘 듣고 잘 보는 법을 배우는 가운데, 진짜 내가 하고 싶어 하는 일, 잘할 수 있는 일을 찾아 반복 훈련해야지요. 또한 그 과정에서 필요한 책들을 찾아 읽어야 합니다. 여인이 부묵의 아들을 통해 도를 듣고 부묵의 아들이 낙송의 손자를 통해 도를 들었듯이, 우리도 삶의 과정에서 도가 전수되는 그 길들을 밟아 가야 합니다.

어디 도만 그렇겠습니까. 알고 보면 우리가 무엇이 되고자 할 때는, 예를 들어 최고의 교사나 영적인 경영자 아니면 위대한 예술가가 되고자 한다면, 전부 이런 단계를 거쳐야 합니다. 자신의 참된 욕망인 디자이어를 만나 그것을 실현하려면, 자기를 비우고 선생님을 만나고 글을 읽고 잘 듣고 보고 일을 잘하는 게 필요하다는 것이지요. 무엇이든 될 때까지 연습에 연습을 거듭해야 나 자신이 언젠가는 전문가, 곧 진인이 되어 남에게 빛을 전수해 줄 수 있습니다.

책을 통해 만나고 배우는 진인의 삶

장자가 밝힌 득도의 과정 가운데 제가 특히 강조하고 싶은 것은 부묵이에요. 불립문자라고, 글 자체가 도는 아니며 글만 읽는다고 도를 얻을 수 있는 것도 아니지만, 글 속에 낙송과 첨명과 섭허와 수역이 다 들어 있음을 또한 부인할 수는 없습니다. 그래서 우리가 글을 제대로 만날 때, 그 안에서 근본을 발견하고 진리에 다다를 수 있는 것입니다.

저 역시 책을 만나면서 바깥 세계에는 물론 내 안의 감춰진 세계에도 하나씩 눈을 뜰 수 있었지요. 한 번 도를 들었다고 책을 놓을 수는 없는 일입니다. 도를 얻고 다시 중·고등학교 학생들이 배우는 수학책, 과학책을 읽어 보세요. 전혀 새롭게 다가옵니다. 예를 들어 방정식 편을 읽다 보면, 인생 자체가 X라는 미지수를 찾아가는 방정식임을 알게 돼요. 그걸 잘 찾아가기 위해서는 또한 일정한 등식이 필요하다는 깨달음이 생기지요.

도와 통한 사람은 어떤 분야의 책을 읽든, 이렇게 내 안의 과학과 철학과 종교와 예술이 통합되며 만나는 경험을 합니다. 그때 느끼는 기쁨은 인생에서 경험할 수 있는 최고의 기쁨이라 해도 과언이 아닙니다.

인류의 위대한 스승이자 진인인 장자를 만나기 위해 우리가 가장 먼저 한 일도 장자가 쓴 글을 읽는 거였죠? 그래요. 이게 바로 책을 읽는 것이 중요한 이유입니다. 그래서 예부터 책이 없는 집은 영혼이 없는 몸과 같다고 했습니다. 또 금 팔고 집 팔고 땅을 팔지언정, 책은 팔아서는 안 된다고 했지요. 그러니 여러분, 늘 책을 가까이하고 책 읽는 모습을 자손에게 물려주세요. 그것이 여러분이 득도의 길에 들어서는, 진인을 만나는 첫걸음이 될 것입니다.

오늘은 여기까지 하겠습니다. 고맙습니다.

12강 응제왕 – 근원에 대하여

"네가 왕이냐?"

마땅히 왕이 될 만한
나를 찾아서

그대 안에서 시간을 초월한 자는
삶이 시간을 초월한 것임을 안다.
어제란 오늘의 기억이며,
내일이란 오늘의 꿈일 뿐이다.
그리하여 그대 안에서 노래하고 명상하는 존재는
별들이 우주 공간에 흩어지던
그 최초의 순간에 살고 있다.

―

칼릴 지브란의 《예언자》 중에서

극과 극이 만나 통할 때 뇌는 행복하다

가까운 미래에는 뇌의 상태를 아주 세밀하게 촬영하는 것이 가능하리라 예측되고 있습니다. 예를 들어 강의실에 그 기계를 설치하면 어떤 이가 강의를 잘 듣고 있는지, 또 어떤 이가 딴 생각하면서 대충 듣고 있는지를 알 수 있게 된다는 겁니다. 가게에 설치하면 어떨까요? 물건을 살 사람과 그냥 구경만 하다 갈 사람이 금세 판명되겠죠? 말하자면 뇌가 다 노출되고 들켜서 더는 거짓말을 할 수 없게 된다는 것입니다.

지금 이 자리에 비록 뇌를 들여다볼 수 있는 기계는 없지만, 저는 여러분의 뇌 상태를 짐작할 수 있습니다. 아마도 무척 행복하지 않을까 싶어요. 왜냐하면 뇌가 가장 행복할 때는 창조적 지성이 발현될 때라고 하거든요. 그것도 가장 멀리 있는 극과 극이 연결되어 거기서 창조가 일어날 때라고 합니다. 그러니 2300년 전에 최고의 뇌를 지니고 있던, 아니 어쩌면 현대인보다 더 창조적인 지성을 발휘했던 그런 진인을 만나고 있는 우리의 뇌가, 어떻게 기쁘고 충만하지 않을 수 있겠습니까.

서로 멀리 떨어진 것이 만날 때 뇌가 창조적 영감으로 가득 찬다는 말을 증명해 주는 예가 있습니다. 세계에서 가장 존경받는 의학박사인 조너스 소크(Jonas Salk) 박사의 이야기입니다.

소크 박사는 폴리오바이러스(소아마비 백신)를 연구하던 중 아무리 실험을 해도 별 성과가 없자 유럽으로 훌쩍 여행을 떠납니다. 이리저리 돌아다니다가 어느 날 한 수도원을 방문해요. 13세기 때 지어진, 아주 오래된 건축물입니다. 백신이니 바이러스니 하는 것과는 아무 상관이 없는 곳이지요. 그런데 소크 박사는 거기서 어떤 영감을 받습니다. 그리고 돌아와 실험과 연구를 거듭한 끝에 마침내 소아마비 백신을 만드는 데 성공합니다. 그는 이 엄청난 백신을 제약회사에 팔아서 돈을 버는 대신, 세계 아이들이 혜택을 볼 수 있도록 보급하는 데 힘쓰지요.

훗날 소크 박사는 연구소 짓는 일과 관련하여 루이스 칸(Louis Kahn)이라는 건축가를 만났을 때, 수도원에서 경험한 일을 말합니다. 그 수도원의 높은 천장이 자신에게 영감을 준 것 같다고. 그 말을 들은 건축가는 그때부터 천장 높이와 뇌의 관계를 연구하기 시작해요. 천장 높이가 어느 정도일 때 뇌가 가장 창조적으로 활성화되는지를 알아내고 싶었던 거죠. 마침내 2.4미터 높이에서는 평범한 생각이 나오고, 3.3미터가 됐을 때 뇌가 가장 활발하게 작동한다는 사실을 밝혀냅니다. 그러고는 바로 그 높이에 맞춰서 소크 연구소를 짓지요. 신기한 점은 그 연구소에서만 노벨상 수상자가 12명이 나왔다는 사실입니다. 한 연구소에서, 그것도 한두 명이 아닌 열두 명씩이나 노벨상을 타다니 정말 놀랍지 않습니까?

소크 박사는 바이러스를 연구하는 의학자였지만, 정작 문제를 풀 수 있게 한 영감은 수도원에서 받았어요. 과학이 건축예술을 만나 뭔가 제3의 것이 창조된 것이죠. 또한 그로부터 아이디어를 얻어 소크 연구소라는 건물을 지었더니 거기서 노벨상 수상자가 12명이나 배출되는, 전무후무한 기록이 세워집니다. 이 또한 이질적으로 보이는 것들이 만나 의외의 결과를 낳은 예라 할 수 있습니다.

그런데 우리 주변을 둘러보면 이질적인 것, 낯선 것에 대한 두려움으로 자기 고치를 짓고 그 안에서만 사는 사람이 참 많습니다. 태어난 곳에서 평생을 살다 그 자리에서 죽는 것이죠. 내가 쓰는 것과 다른 언어, 내가 경험한 것과 다른 문화, 내가 수없이 많은 날을 반복해 온 것과 다른 생활습관을 못 만나고 안 받아들이는 겁니다. 이렇게만 살면 뇌가 화석이 돼 버려요. 딱딱하게 굳습니다. 그러니 삶도 굳지요. 지루하고 재미가 없고 신나지 않습니다. 뭘 해도 행복하지 않아요.

반면 공부를 통해 새로운 것을 받아들이면 뇌가 유연하게 움직이고, 삶도 덩달아 말랑해집니다. 여기서 말하는 공부는 단순히 시험 성적을 올리기 위한 것이 아니라, 앎의 최고 단계인 바른 지식을 습득하기 위한, 진실에 다가가기 위한 학습입니다. 즉, 배우고 익히는 학(學)과 태도와 마음가짐을 일컫는 습(習)을 포괄하는 개념이죠. 이 두 가지를 놓치지 않는 사람만이 변화에 능동적으로 적응하고, 변화에 적응하는 사람만이 어떤 장애물을 만나도 그걸 뛰어넘을 수 있는 실력을 갖출 수 있습니다.

진정한 '왕'에겐 '나'라는 것이 없다

우리가 지금 《장자》를 읽으며 강의를 듣는 것도 학습이지요. 한 번 읽고 끝나는 것이 아니라, 배우고 익힌 것을 몸으로 체득하는 학습입니다. 오늘은 이제 마지막 시간으로, 〈응제왕(應帝王)〉 편을 봅니다. 응제왕, 즉 마땅히 왕이 되어야 하는 자가 누구인가에 대해 말해 주고 있어요.

고대 그리스 철학자 플라톤은 철인이 왕이 되어야 한다고 보았습니다. 장자도 마찬가지예요. 다만 여기서 왕은 한 나라를 다스리는 왕인 동시에, 내 마음의 왕이자 주인도 되는 겁니다. 그걸 염두에 두고 읽으면 더 잘 이해될 거예요. 그럼 본문 읽겠습니다.

천근(天根)이 은양(殷陽) 남쪽으로 여행할 때 요수(蓼水)에 이르러 우연히 무명인(無名人)을 만나 물었다. "세상을 어떻게 다스려야 하는지 여쭈어 보고 싶습니다." 무명인이 말했습니다. "물러가시오. 그대는 비루한 사람이로다. 어찌 그런 질문을 꺼리지 않고 하시오. 나는 조물자와 벗하다 싫증이 나면 저 까마득히 높이 나는 새를 타고 육극(六極) 밖으로 나가 '아무것도 없는 곳[無何有之鄕]'에서 노닐고, '넓고 먼 들[壙垠之野]'에 가서 살려고 하오. 그대는 어찌 새삼 세상 다스리는 일 따위로 내 마음을 흔들려 하는가?"

천근이 또 묻자 무명인이 말했다. "정 그렇다면, 마음을 담담(淡淡)한 경지에서 노닐게 하고, 기(氣)를 막막(漠漠)함에 합하게 하시오. 모든 일의 자연스러움에 따를 뿐, '나'라는 것이 들어올 틈이 없도록 하오. 그러면 세상이 잘 다스려질 것이오."

천근이 무명인에게 세상을 어떻게 다스려야 하는지 묻습니다. 세상과 나라만이 아니에요. 회사를 어떻게 운영해야 하는지, 집안을 어떻게 다스려야 하는지, 내가 무엇을 해야 하는지, 이런 물음이 그 안에 포함돼 있는 겁니다. 그런데 무명인이 뭐라고 대답합니까? 조물주와 벗하며 지내는 내게 왜 그따위 질 낮은 질문을 하느냐고 면박을 줘요. 이는 자기야말로 공(空)이고 무(無)고 없이있는 존재다, 이 말입니다. 그 뒤에 나오는 '아무것도 없는 곳'과 '넓고 먼 들'은 그 존재가 속한 세계를 표현하고 있어요. 그러고 보니 그이를 지칭하는 단어가 무명인입니다. 이름을 붙일 수 없는, 이름을 초월한 자라는 의미이지요.

천근이 무명인의 핀잔에 굴하지 않고 다시 묻자 드디어 그가 대답합니다. 마음을 담담하게 하고 기를 막막함에 합하여 모든 일의 자연스러움을 따르면, '나'라는 게 들어올 틈이 없어지고 세상이 잘 다스려질 거라고요. 여기서 핵심은 내가 없다는 것이지요. 장자가 말하는 왕의 자격은 바로 이것입니다. 노자, 장자 사상에 비추어 볼 때 가장 훌륭하고 덕이 있는 왕은 한마디로 존재감이 없는 왕이에요. 백성들이 왕이 누구인지 모르는 것이 가장 이상적이라는 겁니다.

이를 나 자신에게 빗대어 보면, 없이있는 존재가 곧 나의 본성이자 주인이라는 것입니다. 그 존재는 보이지도 들리지도 않고 만질 수도 없어요. 현상계에서 흔히 '나'라고 부르는 에고를 초월해 있습니다. 그러므로 이 존재를 왕으로 삼고 에고, 즉 생각과 느낌을 부릴 때 내가 이상적으로 살아갈 수 있다고 보면 되겠습니다.

뿌리는 존재에 두고, 주파수는 하늘에 맞추고

예수 이야기를 해 볼까 합니다. 어느 날 예수가 물고기 두 마리와 떡 다섯 개로 오천 명을 먹입니다. 말하자면 백성들의 배고픔을 해결한 거예요. 그러자 사람들이 예수를 추앙하며 그를 임금 자리에 앉히려 합니다. 하지만 예수는 그들의 청을 물리고 떠납니다. 소경과 앉은뱅이의 병을 고치고도, 그것을 자기의 공으로 돌리는 대신 네 믿음이 너를 고쳤다고 합니다. 예수는 그 어떤 것도 자기가 했다고 하지 않아요. 예수에게는 내가 없기 때문이지요. 장자가 말하는 진짜 왕의 모습을, 예수는 이렇게 보여 주고 있습니다.

한편 빌라도가 예수에게 "네가 유대인의 왕이냐?"고 물었을 때 그는 "아니"라고 합니다. 빌라도가 다시 묻지요. "네가 왕이냐?" 예수는 그렇다고 합니다. 이 말은, 나는 유대인의 왕이 아닌 그냥 왕이라는 것입니다. 여기서 '나'는 육화된 개인으로 나타난 예수가 아니라 우리 자신을 가리킵니다. 또한 에고가 아닌 셀프를 의미하지요. 셀프, 즉 그리스도 의식으로 살면 누구든 주인이고 왕이 될 수 있음을, 예수는 이 세상에 알려 주기 위해 오신 겁니다.

그러나 안타깝게도 많은 이가 왕이 아닌 종으로 살지요. 존재에 뿌리를 박지 못한 채 생각과 느낌에 끌려다니기 일쑤입니다. 여러분도 종종 그렇게 하지 않습니까. 나는 상처가 많은 사람, 게으른 사람, 수줍은 사람, 능력 없는 사람, 성공 지향적인 사람, 나이가 너무 많은 사람 등등의 관념으로 자신을 제한하고 있잖아요. 삶은 고통스럽고 지루하고 복잡한 것이라는 생각으로, 삶을 고문하기도 하고 말입니다.

종이 아닌 왕, 에고가 아닌 셀프로 살고 싶다면, 내 의식 상태가 어떠한지를 점검하는 것이 필요합니다. 다시 말해 내가 지금 하늘에 주파수를 잘 맞추고 있는지, 존재에 뿌리를 박고 중심을 잘 잡고 있는지를 알아차려야 한다는 거지요.

스스로 이를 점검하고 알아차리며 조율해 가는 사람에게는, 사는 데 문제될 것이 하나도 없습니다. 늘 평온하고 고요해요. 설혹 무슨 사건이 생긴다 한들, 이런 사람은 우주가 하는 일에 무조건 '예'로 화답하기 때문에 탈이 나지 않습니다. 그래서 삶이 쉽고 단순하지요. 외부 조건과 상관없이 스스로 충만하고 행복합니다.

반면 자신의 힘으로 왕의 자리를 회복하지 못하는 사람에게는 자꾸 뭔가 사건이 터지고 문제가 생깁니다. 스스로 성장을 못하니까 우주가 그에게 기회를 만들어 주는 겁니다. 그러면 이를 감사히 받아들이면서 존재와 하늘의 소리를 들으려 해야 하는데, 이런 사람일수록 부정적인 습이 몸에 강하게 배어 있어서 오히려 불평불만을 늘어놓고 화를 내고 자포자기를 합니다. 결국 자기에게 일어난 사건을 통해 아무것도 배우지 못하고 말지요. 그래서 종으로 사는 사람에게는 늘 같은 문제가 반복해서 일어나는 거예요.

  이런 악순환의 고리를 끊고 종에서 왕으로 자신의 자리를 회복하려면 우선 '예' 하는 법을 배워야 합니다. 그것 말고 더 쉽고 빠른 길은 없어요. 우주는 우리가 배우고 성장할 때까지, 하늘에 주파수를 맞추고 존재에 뿌리를 박을 때까지 계속해서 뭔가를 선물하니까요. 그 선물을 감사하게 받지 않고서는 아무런 진전이 있을 수 없는 겁니다.

근원에서 나오기 이전의 본모습

다시 장자로 돌아가서 본문을 보겠습니다. 호자(壺子)라는 스승과 그의 제자 열자(列子) 그리고 무당 신분인 계함(季咸) 사이에서 생긴 일을 묘사한 글입니다. 계함은 말 그대로 신통한 무당이어서 사람의 생사와 화복 등을 한눈에 꿰뚫어 봅니다. 어느 날 이에 마음을 빼앗긴 열자가 스승 호자에게 가서 "선생님보다 더 한 도가 있다"고 호들갑을 떨지요. 그러자 호자가 열자에게 그를 데려와 내 관상을 보게 하라고 합니다.

처음 호자를 본 무당은 호자의 얼굴이 "물에 젖은 재(恢)의 상"이라며 열흘을 넘기지 못하고 죽으리라 예언합니다. 하지만 다음 날 다시 상을 보고는, "다행히 당신의 선생이 나를 만나 병을 고쳤습니다. 이젠 살 수 있겠소. 그에게서 막혔던 것이 트인 것을 보았소"라고 말하지요. 하지만 다음 날 또 호자의 상을 보자, 상이 또 바뀌어 있습니다. 무당은 호자가 자유자재로 자신의 상을 바꿀 수 있다는 것을 모르지요. 마침내 무당이 말합니다. "당신 선생의 상은 늘 변하고 일정하지가 않소. 나는 이제 도저히 그의 관상을 볼 수가 없소." 열자가 안으로 들어가 이 말을 호자에게 전했지요. 그러자 호자가 무당을 다시 데려오라고 말합니다.

다음 날 또 무당이 왔다. 무당은 채 자리를 잡기도 전에 얼이 빠져 달아나 버렸다. 호자가 말했다. "아까 나는 그 사람에게 내가 근원에서 아직 나오기 이전의 본모습을 보여 주었다. 나는 그 근원 속에서 나를 비워 사물의 변화에 그대로 따라, 내가 누구인지 모른 채 바람 부는 대로 나부끼고, 물결치는 대로 흘렀지. 그래서 그가 달아나 버린 것이다."

장자가 말하고자 하는 핵심은 근원에서 나오기 전의 본모습, 즉 존재를 기억하고 참된 본성대로 살아가는 자가 진정한 왕이라는 것입니다. 다시 말하면 이것이 근본 도라는 것이고, 근본 도는 기껏해야 관상을 보는 무당의 술과는 비교할 수 없다는 거예요. 술이 필요 없다는 게 아닙니다. 다만 도를 대신할 수 없다는 거지요.

자기를 알아 가는 수련, 깨달음으로 향하는 과정에서 많은 이가 술에 혹합니다. 누가 무슨 신비한 체험을 했다고 하면 그에 귀가 솔깃하고 마음이 동하죠. 이런 사람은 자신이 그런 체험을 못하면 좌절하고, 반대로 어쩌다 한 번 경험하면 우쭐해 합니다. 사실 그것은 그저 일어났다 사라지는 현상에 불과할 뿐인데 말입니다.

반면 진정한 도를 얻은 이는 '나'를 비워, 즉 에고를 비워 사물의 변화에 그대로 따릅니다. 장자의 표현에 의하면, 내가 누구인지도 모른 채 바람 부는 대로 나부끼고 물결치는 대로 흐르는 거지요. 이는 지극히 담담하고 평정한 마음마저도 사라진 경지를 의미합니다. 장자는 이처럼 에고가 사라지고, 있는 그대로의 존재만 오롯이 남은 상태에서야 진정한 평화가 있다고 보는 겁니다.

존재와 현상을 넘나드는 특권을 누려라

에고가 사라지고 존재만 오롯이 남는 경험을 해 본 사람은, 살면서 때때로 헤맬 수는 있을지언정 그 경험을 완전히 잊지는 못합니다. 그래서 그 경험의 순간을 자꾸만 반복해서 기억하는 '셀프 리멤버링(Self-remembering)'이 중요해요. 이를 통해 우리는 언제 어디서든, 그리고 누구 앞에서든 왕의 자리를 지켜 나갈 수 있고, 설혹 그 자리를 잠시 떠났다고 해도 곧 돌아올 수 있습니다.

그렇다고 우리가 존재에만 머물지는 않지요. 우리는 다 이곳 현상계에 나타난 이들이므로 그럴 수도 없습니다. 다시 말해 중심은 존재에 두되, 즉 왕의 자리에 굳건히 서 있되, 생각과 느낌을 자유자재로 부리며 변화하는 이곳 세상과 다양하게 관계하고 표현하는 것이 또한 우리가 할 일입니다. 이를 얼마나 능수능란하게 해 나가는가에 따라, 즉 존재와 현상의 넘나듦이 얼마나 균형 있고 조화로운가에 따라, 그만큼 삶은 풍성해지고 자유로워집니다.

여러분, 우리 다 그렇게 살려고 이 세상에 나타났습니다. 존재계와 현상계를 모두 누릴 특권을 안고 왔습니다. 그러니 삶을 통해 그 두 세계를 통합시키고, 나를 통해 그 두 세계에 감춰진 비밀이 아름답게 꽃피도록 해야 하지 않겠습니까.

그렇게 사는 사람만이 이곳 지구별을 떠날 때 이렇게 고백할 수 있을 것입니다. 왕으로 와서 왕으로 살다가, 이제 다시 왕으로 돌아간다고. 참으로 행복했던 사람 되는 여행, 나 되는 여행을 마치고 이제 본향으로 돌아간다고.

문정희 시인의 〈먼 길〉을 낭송하는 것으로《장자》강의를 마치고 싶습니다. 고마웠습니다.

나의 신 속에 신이 있다
이 먼 길을 내가 걸어오다니
어디에도 아는 길은 없었다
그냥 신을 신고 걸어왔을 뿐

처음 걷기를 배운 날부터
지상과 나 사이에는 신이 있어
한 발자국 한 발자국 뒤뚱거리며
여기까지 왔을 뿐

새들은 얼마나 가벼운 신을 신었을까
바람이나 강물은 또 무슨 신을 신었을까

아직도 나무뿌리처럼 지혜롭고 든든하지 못한
나의 발이 살고 있는 신

이제 벗어도 될까, 강가에 앉아
저 물살 같은 자유를 배울 수는 없을까
생각해 보지만

삶이란 비상을 거부하는
가파른 계단

나 오늘 이 먼 곳에 와 비로소
두려운 이름 신이여!를 발음해 본다

이리도 간절히 지상을 걷고 싶은
나의 신 속에 신이 살고 있다

깨달음으로 읽는 장자

초판 1쇄 발행 | 2013년 3월 25일
초판 2쇄 발행 | 2014년 1월 25일

지은이 장길섭
책임편집 여미숙 | 아트디렉터 정계수 | 디자인 박은진·장혜림
펴낸곳 나마스테 | 발행인 김인호 | 주소 서울시 마포구 서교동 401-1 신현빌딩 5층
전화 322-3885(편집부), 322-3575(마케팅부) | 팩스 322-3858
E-mail badabooks@gmail.com | 홈페이지 www.badabooks.co.kr
출판등록일 1996년 5월 8일 | 등록번호 제 10-1288호

ISBN 978-89-5561-661-3 03150

※ 나마스테는 바다출판사의 자회사입니다.